U0142533

公務倫理暨法制論

劉昊洲 著

自序

　　倫理道德係維繫社會體制的三種主要憑藉之一，就臺灣當前情況觀之，其重要性或不若法律，但論其普遍性與影響力，當在法律與宗教之上。公務倫理是公部門所有公務同仁應遵循的倫理道德規範，攸關人民對政府機關的信賴與支持，亦影響政府機關的形象與聲譽至鉅，是以各先進國家莫不致力於公務倫理法制的建構與落實。我國歷經解除戒嚴與政黨輪替後，在民主方面的成就雖已備受肯定，然而在法治方面，濫權、貪瀆、浪費、低效率、不便民等情事仍時有所聞。為杜絕此一弊端，「從心做起」的公務倫理規範，遂受到空前的矚目與重視。

　　忝為公務界的一名老兵，筆者多年來對於公務倫理的相關議題，始終保持高度的關注，也嘗試著深入去探討；屈指數數，在相關期刊發表的文章已不下四、五十篇。承蒙公務人員保障暨培訓委員會、國家文官學院與銘傳大學公共事務研究所洽邀，得有機會與公務同仁及年輕學子共同學習此一領域的浩瀚知識與德行；復蒙海峽兩岸孫中山學術研討會邀請，亦曾兩度蒞會發表論文。在教學相長、相互切磋的良好氛圍下，益增筆者的見識與寬廣度。為著分享，也抱著請教的基本認知，遂有將這些文章重新整理，集結成書，公開出版的想法；然而「事非經過不知難」，一旦付諸行動，終於嚐到痛苦的滋味。因為這個領域實在浩瀚，且應有相當的哲學思維背景，而先進學者研究各有偏好，雖有意踵繼前賢，無奈基礎不佳，學養不足，時間不繼，只能暫且劃下一條界線，留待他日再繼續行進。

　　本書能夠順利付梓面世，應感謝所有師長、長官、長輩、學長姐、同學、同事、好友、學弟妹、學棣的關照、教誨、鼓勵與協助。首先要感謝茹苦含辛，迄仍從事農作的父母親；其次要感謝求學期間諸多師長的教誨與同學的切磋，服公職期間許多長官的指導與同事的互勉；對於五南圖書出版公司在出版上的協助，當然也應表達謝忱。特別感謝考試院關前院長一中、伍院長錦霖、張考試委員明珠、保訓會蔡主任委員璧煌、立法院司法及法制委員會呂召集委員學樟、總統府陳前資政庚金的提攜與愛護；感謝李副主任委員嵩賢、葉副主任委員維銓及賴委員來焜、楊委員仁煌、張委員桐銳、陳委員淑芳、廖委員世立及全體同仁的指導與協助；更要感謝文博士承科惠予校稿，洪助理嘉雀協助繕打與校正。「內舉不避親」，多年來內人的辛苦與體諒，弟妹們的關懷與互勉，三個女兒的貼心與努力，亦屬「有功人員」，也應致上謝意！

　　雖然「吃不到三把空心菜，就想上西天」（台諺，意喻不自量力），但在五個情人（鍾情於家庭親人，專情於本職工作，寄情於教學講演，移情於讀書寫作，忘情於山水林間）的堅持之下，關於此一課題的探討，筆者能由「革故鼎新─進步的行政」中只佔「倫理與中立」半章的篇幅，擴增到「公務人員人事論叢」中的一章「公務人員倫理」，再升格為「公務倫理暨法制論」一書，仍然感到十足的安慰！固有自知之明，深知書中謬誤之處必多，一己愚見難登大雅之堂，仍盼此一不畏恥笑、不惝窘陋的「拋磚」，能夠「引玉」，引來實務界公務同仁及學術界先進前輩更多的寶貴迴響；如蒙不吝珠玉誨正，更是榮寵之至，終身難忘！

　　際此民主選舉已成常態，政黨輪替不時出現的新局，依法固是公務員執行職務的主要依據，但以正義及良知為核心的公務倫理，則是更高，也是最後的憑靠。易言之，依法行政雖是公務員的天職與準繩，但在法律規範不及或授權處理之處，則應依公務倫理而為之。凜於公務倫理暨其法制的重要性，謹以此書與我輩公務同仁共勉互勵之─

又，稿成之日，適逢爸媽八秩晉二雙壽，謹以此書獻給迄今仍辛勞操持農務與家事的爸媽，並以為祝頌。

中年學究　劉昊洲　寫於台中清水

民國 104 年 3 月

目錄

自序   i

第一章　緒論   1

壹、重要意義   1

貳、相關概念   5

參、範圍架構   8

第二章　公務員   13

壹、公務員的概念   13

貳、公務員的性質   15

參、公務員的範圍   16

肆、公務員的資格   18

伍、公務員的身分   20

陸、公務員的職務   23

柒、公務員身分與職務的關係   27

捌、公務員的基本認知   30

玖、公務員的角色扮演   33

拾、公務員的角色行為　　　　　　　　36

拾壹、公務員的行政責任　　　　　　　39

第三章　倫理道德　　　　　　　　　43

壹、倫理道德的核心概念　　　　　　43

貳、倫理道德的內涵與分類　　　　　47

參、宗教與倫理道德的共通性　　　　51

肆、宗教與倫理道德的區別　　　　　55

伍、法律與倫理道德的關係　　　　　60

陸、法律與倫理道德的共通性　　　　64

柒、法律與倫理道德的分際　　　　　67

捌、法律與倫理道德的區別　　　　　71

玖、倫理道德的基本特性　　　　　　75

拾、倫理道德的困境　　　　　　　　78

第四章　公務倫理　　　　　　　　　83

壹、公務倫理的概念　　　　　　　　83

貳、公務倫理的本質　　　　　　　　87

參、公務倫理的面向　　　　　　　　90

肆、公務倫理的衡量指標　　　　　　93

伍、公務倫理的種類區分　　　　　　97

陸、公務倫理的表現場域　　　　　　100

柒、公務倫理的重要內涵　　　　　　102

捌、公務倫理的實踐情形　　　　　　　105

玖、公務倫理的功能價值　　　　　　　108

拾、公務倫理發展的困境　　　　　　　111

第五章　公務倫理法制化　　　　　　　115

壹、公務倫理法制化的說明　　　　　　115

貳、公務倫理法制化的理由　　　　　　117

參、公務倫理法制化的原則　　　　　　120

肆、公務倫理法制化的分析　　　　　　122

伍、公務倫理法制化的途徑　　　　　　126

陸、公務倫理法制化的困境　　　　　　128

第六章　公務倫理法制　　　　　　　　131

壹、公務倫理法制概況　　　　　　　　131

貳、公務員服務法概述　　　　　　　　133

參、公務人員行政中立法概述　　　　　141

肆、公職人員財產申報法概述　　　　　148

伍、公職人員利益衝突迴避法概述　　　161

陸、公務員廉政倫理規範概述　　　　　170

柒、公務人員服務守則概述　　　　　　175

捌、公務倫理法制檢視　　　　　　　　179

第七章　結論　　　　　　　　　　　　183

壹、現況歸結　　　　　　　　　　　　183

貳、發展趨勢　　　　　　　　　　　　186
參、未來展望　　　　　　　　　　　　188

參考資料　　　　　　　　　　　　**191**
作者相關論著　　　　　　　　　　**197**

圖表目錄

表目次

表 3-1	宗教與倫理道德的區別	59
表 3-2	法律與倫理道德的區別	75
表 4-1	公務倫理的區分標準與種類	100
表 6-1	公職人員財產申報的區分標準與種類	182
表 6-2	公務倫理法制的區分種類	182
表 6-3	本書公務倫理法制相關事項	182

圖目次

圖 1-1	公務倫理法制的地位與關係	4
圖 1-2	公務倫理與倫理道德的關係	7
圖 1-3	公務倫理對象與內涵的區分	8
圖 1-4	法制的意義	8
圖 1-5	從公務員到公務倫理法制的關係	8
圖 1-6	本書研究架構	11
圖 2-1	公務員的種類區分	18
圖 2-2	資格與身分的關係	23

圖 2-3　公務員身分的種類　　　　　　　　　23

圖 2-4　公務人員官等與職等對照　　　　　　27

圖 2-5　公務員的責任種類　　　　　　　　　42

圖 3-1　倫理道德的領域劃分　　　　　　　　51

圖 6-1　本書公務倫理法制體系　　　　　　　133

第一章　緒論

壹、重要意義

　　大凡人類爲求生活與發展，必有其人生態度。此人生態度不外逐求、鄭重與厭離三種，逐求是世俗的路，鄭重是道德的路，而厭離則爲宗教的路；一般是由逐求態度折爲厭離態度，再轉入鄭重態度。（梁漱溟，2012：12）因爲多數人走的是世俗的路，所以國家的建構、法律的制定與施行、公權力的維護與貫徹等機制，便顯得十分重要。

　　大致言之，我國文化的核心思想來自儒家、道家與佛學三大門派。道家與佛學主要是對一般百姓的人生信念與宗教情操，產生廣泛的指引作用；儒家自漢武帝時就取得正統思想地位，影響整個民族的基本觀念與生活觀念尤深，也可以說我國倫理道德的建構係以儒家思想爲基底。（傅佩榮，1993：2）民國肇建，孫中山以倫理、民主、科學分別表徵民族、民權、民生三大主義的本質。（傅佩榮，1993：46）倫理道德的重要性不難理解。

　　韋伯（Max Weber）認爲：西方人能夠經由經濟發展的推動，順利跨入現代化的領域，其潛在的主因，是接受基督教提供的宗教與倫理的信念，一方面勤奮努力，一方面儉樸節制的入世與禁欲原則。（傅佩榮，1993：48）終於導致現代化的成功。

　　康德（Immanual Kant）謂：人之所以爲人，人之所以具有價值和尊嚴，最主要的原因就是人能從事道德行爲。（林火旺，2009：80）又說：一個人之行爲表現，不論自己，抑或他人，總須視爲目的，不可視爲手段。（I. Kant，1973：47）他以人爲本的倫理道德觀溢於言表。

　　眾所皆知，倫理道德乃我國傳統文化的精髓，是古聖先賢歷經滄桑、深刻體悟後的智慧結晶，也是社會大眾在價值認知方面的主要共識；流傳至今，仍然舉足輕重。在法治勃興後，雖不若法律之重要，卻與法律及宗教一樣，同為維繫社會人心的三個體制力量之一。

　　公務倫理是傳統倫理道德的公共版與現代版，是公務員執行職務或處理與其身分有關事務的準據與憑藉，在「法律縱已日趨完備，但違法者仍不斷出現」的慨嘆聲中，公務倫理一再被強調，希能從心做起，用以彌補法律規範不足或不及之處，並增進機關和諧愉悅的氛圍。不過因為公務倫理範圍甚廣，也較抽象，價值認知不盡相同，同一德目的解讀亦有異，故權責機關將重要的公務倫理內涵以條文形式規範，並公（發）布之，即予以法制化的作為，自有其重要意義。此故，建構公務倫理法制遂成為主要的思維趨勢。

　　倫理道德與法律二者在本質上有所不同，在其他方面也有許多區別。從表面觀之，公務倫理法制的外表是法令規範，但究其實質內涵，大都仍屬倫理道德的層次。（如圖 1-1）這也就是說公務倫理法制是因法制的吸收，而由倫理道德走向法令規範，此雖符自然法的演進趨勢，卻是一條艱難的道路。因為在程度上不易獲致共識的情況下，除非政府力量強勢介入，否則硬要劃出一條客觀明確的界線，委實不易；卻也是值得的、深具意義的作為。此後不再模糊，沒有灰色地帶，對規範對象與執法人員而言，都具有正面的功能與價值。

　　所謂公務倫理法制，乃公務倫理規範，是公務員加倫理道德，再加法制化的結果呈現。具體的說，即公務員在執行職務或處理與其身分有關事務時，應該遵循的，已被法制所吸收的倫理道德規範。

　　職是，公務倫理法制至少有下述 4 點重要意義：

（一）權力需要監督，也要自我約束

文官體系是推動國家向前的最大引擎，它既是動力，也是方向。（黃丙喜等，2012：19）而監督與制衡（check & balance）是民主政治之基本原則，「權力就是責任」、「有權力就應受監督」、「權力愈大者，其監督愈強」，此乃現代民主國家之常態。只有受監督，權力的行使方受到節制，權力的運作才不會逸出常軌；監督之於權力，自有無與倫比的重要性。不過公共監督（public scrutiny）的動力來自外部，監督的範圍通常侷限於政府體制、行為外表，雖包括合法性監督與妥當性監督，但終究不能及於全部，監督仍然有其盲點與死角。所以除外部監督外，更應仰仗有權者個人基於公務倫理的認知與要求，只有來自於己的良知良能與赤子之心發揮效果，方能全面的、從根開始的禁絕弊端，也指引他繼續向上。

（二）規範必須明確，更要客觀公平

法的可貴，在於以文字具體明確的表述，且對外公開，不只立下尺度標準，也指示行進方向，得以讓眾人知悉及遵循。不過只有明確性仍然不足，更要一視同仁，不能有差別待遇；也要有可操作性，而非難以實踐或純供觀賞的文件。因此，公務倫理不能停留在倫理道德的層次，而須提升至法治的要求，公務倫理法制的建構自有其必要。

（三）執行務必落實，亦應兼顧情理

法的規範本身只是法體系運作的上游，而非全部，法的執行才是重心所在。極少數欠缺基層實務經驗及對社會認知嚴重不足的長官，往往認為只要有法令規範後，一切問題即可迎刃而解。這顯然是天大的誤會，也是過於天真的想法。如要確保法的權威性，惟有在實際執行時認真的、嚴格的執行，不打折扣，方有可能達成，所以執行務要落實；不過在執行過

程中，也不能太過死板嚴苛，毫無彈性可言，在法的範圍內，自可有兼顧情理的考量，此一「法內施恩」、「求其適中」的態度作為，即是公務倫理的本務，也是公務倫理法制的立意所在。

（四）效果尚待強化，自須配合制裁

倫理道德雖是指示吾人立身處世、應對進退的準則，告訴我們何者可為，何者不可為，不過其獎善懲惡的效果並不明顯，因為它依賴的只有個人良心與社會清議而已。為確保其實際執行的效果，自須在相關規範中加入違反義務者如何處罰的文字；此一制裁處罰的規定，也就是由公務倫理轉化為公務倫理法制的必然結果。

要之，配合時代及環境的變遷，將重要的公務倫理內涵透過法制化的程序，轉化為公務倫理法制，當能使此一規範更加明確與客觀，俾便全體公務員知所遵循，亦能讓長官或有權監督者在指揮或監督時有所依憑，拿捏得宜，兼顧情理，確保實際執行的成效；從而建構一個廉潔的、為民服務的、具有高效能的政府團隊。職是，公務倫理法制在實務上既有其必要性，也有其重要意義。

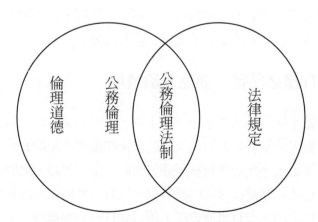

圖 1-1　公務倫理法制的地位與關係

貳、相關概念

　　人是社會的動物，為生存與生活的需要，不能不與他人互動往來。像魯賓遜飄流荒島而孤獨生活十多年、台籍阿美族日本兵李光輝（日本名中村輝夫）在二戰結束後獨自躲藏在菲律賓摩羅泰島叢林中生活三十年的情形（維基百科），終究是極少數的特例。如何與他人有秩序的、和睦的共生相處，乃是現代人每天都必須面對的課題。這人際之間互動往來的準繩與規則，皆為倫理道德的範疇。

　　公務倫理（public administration ethics or public service ethics or ethics of public service），古稱官箴，乃是與公務執行有關的倫理規範，包括公務員的公德（public morality）與私德（private morality）。（許南雄，2004：538）也就是公務員在執行公務或處理與其身分相關的事務時，如何與周遭長官、同仁、部屬、民意代表、社會大眾應對相處的人際道理；攸關公務員個人品操與工作表現，及政府機關整體形象與聲譽。公務倫理法制乃是將重要的公務倫理內涵以法令規範的形式予以規定，藉以強化其效果。基本言之，公務倫理法制只是公務倫理的重要部分，乃政府力量介入而強制公務員遵守的倫理道德規範，外形雖是法令規定，實質內涵卻不脫公務倫理的範疇。

　　職是，公務倫理法制一詞其實是由公務員、倫理道德、公務倫理與法制等 4 個概念所構成。茲分別說明如下：

（一）公務員

　　何謂公務員？看似一簡單的概念，然而迄今為止，不只學者專家仍無一致性的定義，即使依現行法律規定，也因我國向採個別立法主義，以及統攝全局的公務人員基準法草案始終未能通過之故，因而不同法律各自有其不同的定義或適用範圍，所以欲對公務員下一極為明確，且為眾人認同

的定義，委實不易。就當前行政學術與實務運作言之，法律上大致係以公務員服務法第 24 條所定範圍：「受有俸給之文武職公務員及其他公營事業機關服務人員」，最常被提及；學術界則以已故大法官林紀東之定義：「由國家特別選任，對國家服務，且負有忠實義務之人員」，最爲權威。關於公務員的意義與概念，將於第二章有較詳盡的說明。

（二）倫理道德

其範圍至大至廣，只要與修心養性、爲人處事有關者即其空間所在，可區分爲倫理與道德兩個概念。倫理係指人際之間應對相處的道理，範圍較窄；道德係指人對人或其他事物應有的態度取向與行爲準則，其範圍較寬。不過二者通常併稱混用，泛指人與自己，或他人，或其他事物，從內心思想到外部行爲，如何應對相處的道理。我國歷代古聖先賢特別重視修己待人的功夫，也極爲強調倫理道德的闡述，整部中華文化幾乎就是倫理道德的發揚。關於倫理道德的種種，將於第三章論述。

（三）公務倫理

這是公務員的職場倫理，古稱官箴，自古以來始終是倫理道德極重要的面向與領域，（如圖 1-2）也是近年來倍受重視、令人矚目的課題。它雖植基於傳統倫理道德，但已將屬於家庭親情及不適合現代環境的部分剔除，可說是倫理道德的公共版與現代版，依適用對象及活動場域之不同，公務倫理大致可分爲行政倫理、政治倫理、議會倫理、司法倫理、軍中倫理與校園倫理等區塊。（如圖 1-3）因爲政府機關業務以行政爲主，行政倫理無疑是公務倫理的主要部分，甚至有人以爲行政倫理就是公務倫理。關於公務倫理的描述與討論，已安排於第四章處理之。

（四）法制

所謂法制，有兩種說法，一指法律制度，一指制法作業流程。（如圖 1-4）此指前者，乃一套以法律為骨幹而建構，而為眾人所遵行，且具有強制拘束力量的人為規範。雖較靜態，但其範圍十分廣泛，幾乎等同國家公權力的範圍，只要是透過立法部門制定或授權訂定，對於人民具有強制約束力量的體制或措施，均屬之。相較於宗教教義與倫理道德二者，法律制度較為客觀、明確、公平，只是最低標準，但具有強制效果，儼然已是規範社會大眾行為的最重要體制力量。本書第五章公務倫理法制化，乃探討其過程；第六章公務倫理法制，乃探討其個案的結果呈現；均屬法制的具體探討。

要之，公務員加倫理道德的交集始成公務倫理，公務倫理與法制的結合乃是公務倫理法制。（如圖 1-5）時人或將公務倫理與公務倫理法制二者混用不分，如上所述，顯然有所誤解。吾人自不宜人云亦云、一味追隨，而應慎思明辨後取其適當者而用之。

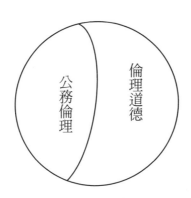

圖 1-2　公務倫理與倫理道德的關係

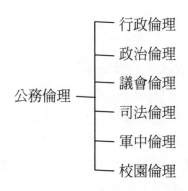

圖1-3　公務倫理對象與內涵的區分

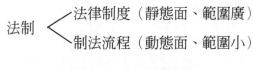

圖1-4　法制的意義

（公務員＋倫理道德）交集＝公務倫理

（公務倫理＋法制）交集＝公務倫理法制

圖1-5　從公務員到公務倫理法制的關係

參、範圍架構

　　在科學昌明、物質發達、民主壓倒一切、法治蔚為主流的現代社會，人類理當更為幸福與和樂。然而事實真的如此嗎？當看到部分人士唯利是圖，只顧自己，特別是少數擁有權勢的公眾人物，趾高氣昂、貪贓枉法，良心早已拋諸腦後的病態現象之後，有志之士既不能無感，也必須有所行

動。因此，社會上遂興起一股鼓吹倫理道德的風潮，政府機關的公務倫理宣導也乘風而起，希能藉此彌補法令規範的不足，強化法治及教化的效果。在這樣的社會氛圍中，筆者亦感於公務倫理暨其法制具有無與倫比的重要性，遂有深入一探的強烈動機出現。

本書旨在探討公務倫理暨法制的相關問題，自以公務倫理法制的界線為範圍，惟因此一領域浩瀚無邊、至深且廣，故在取向上係以概念與規範的探討為主；在題材上係分別從公務員、倫理道德、公務倫理、公務倫理法制化等4方面論述，並以之做為基礎，再個別探討已蔚為公務倫理法制的4個一般性法律及2個一般性行政命令；最後予以歸結，並提出建議；在途徑上係探文獻分析與制度研究途徑；在方法上係以傳統研究的觀察法與比較法為主，輔之以演繹法及歸納法，期能求其周延、深入的探討，以掌握其精髓。

茲就前面所言，再分項扼要說明如下：

（一）研究範圍

本書研究的重點是人與規範的介面。人指公務員，泛指具有法定任用資格，為國家或地方自治組織所任用，而依法執行職務的人員。社會上常見的制度規範除宗教教義外，另有倫理道德與法令規範二者，本書兼而論之，既探討倫理道德，暨其中的公務倫理，亦探討法令規範，但僅限於被法制所吸收的公務倫理部分，即所稱的公務倫理法制。至於法制化的過程，即一般所說的公務倫理法制化，亦屬重要，故一併論述之。這也就是說本書是以公務員、倫理道德、公務倫理、公務倫理法制化、公務倫理法制等5個主題，做為研究範圍。

（二）研究途徑

　　本書採文獻分析與制度研究途徑。所謂文獻分析，乃就現有書面資料、包括原級資料與次級資料，加以分析整理，俾能從中獲得合理解釋及新的啟發。所謂制度研究，是就一套社會公認的行為模式或規範，予以有系統的深入研究，期能發現其優劣利弊，並提出改進意見。兩者有異有同，不過亦有人將制度研究歸併在文獻分析之中。關於公務員、倫理道德、公務倫理、公務倫理法制化等四部分，主要採文獻分析途徑；而公務倫理法制部分，則以制度研究途徑為主。

（三）研究方法

　　本書係以傳統的觀察法、比較法為主，演繹法及歸納法為輔。所謂觀察法，係就社會現象予以有計劃與有系統的觀察，並就觀察所得提出客觀的解釋說明。所謂比較法，乃是以客觀態度就兩種制度或學說加以比較，分析其優劣異同。所謂演繹法，係以普遍的原理推用於特定的事實，即以普遍經驗與類似事實為根據，推論及於其他。所謂歸納法，乃充分留心欲研究的物象或事理，分門別類予以整理，以求得其一致共通之點，並發現其原理，更由種種原理而歸納至最高之原理。本書各章之論述，或多或少都用到這 4 種研究方法。

（四）研究架構

　　本書是以公務員與倫理道德為基礎，先求兩者之交集，即公務倫理；再探究其法制化之過程，即公務倫理法制化；然後得到公務倫理法制的結果，最後一章予以歸結，並提出具體建議。（研究架構如圖 1-6）

　　總之，凜於公務倫理暨其法制在現代社會的重要性，特別是對政府機關公務同仁有其不凡的意義與價值，故有本書之撰寫。希冀透過對研究範

圍、研究途徑、研究方法與研究架構的說明，能使讀者諸君快速的、充分的認識本書，進而有效的閱讀，爰為斯言。

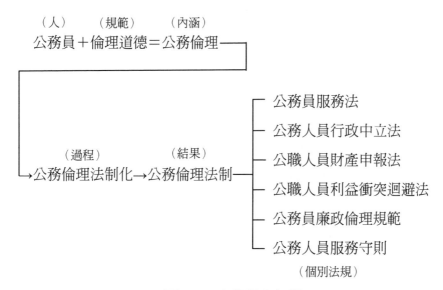

圖 1-6　本書研究架構

第二章　公務員

壹、公務員的概念

　　公務員（public servant or employees servant）是個大家耳熟能詳、隨時可聞，卻也是難以精準定義、不易掌握的名詞。我國在封建王朝的年代，原無公務員之概念與說法，民國成立後，孫中山以「公僕」觀念勉勵政府官員應發揮「為民服務」的精神，並參照日本所譯「公務員」一詞，逐漸的始有「公務員」此一名詞的出現。民國 18 年，國民政府制定公布「公務員任用條例」，乃我國政府部門法律文件正式使用「公務員」稱呼的開始。其後在 20 年公布「公務員懲戒法」，23 年公布「公務員卹金條例」，24年公布「公務員考績法」，28 年公布「公務員服務法」，均以公務員名之。雖然目前在法律條文中提及「公務員」者仍然所在多有，但冠以「公務員」名稱的法律，卻僅有公務員服務法與公務員懲戒法二法。

　　與公務員相近的名詞甚多，常見的有文官、官員、官吏、事務官、行政人員、常任文官、常任人員、常務人員、公務人員、文職人員、公職人員、公教人員、公務人力、文職公務員、常任公務員、文職公務人員、常任公務人員等。其中公務人員與公務員只有一字之差，不僅是使用量較大較多的法律名詞，也具有較明確的指涉範圍；兩者經常混淆不分、難以區別。但大致言之，公務員的範圍較廣，公務人員的範圍較狹；以公務員為名的法律皆制定於行憲之前，以公務人員為名的法律均制定或修正於行憲之後。行政法學者偏好使用公務員一詞，而人事行政學者較習慣以公務人員稱呼。

　　由於我國在立法體例上係採「個別立法主義」，即一事項以一法律規定，而每一法律均對其規範對象分別定義之故，其實同一名詞在不同法律中的指涉意義或適用範圍也不完全一致。即以公務員爲例，國家賠償法第 2 條規定是指依法令從事於公務之人員；惟刑法第 10 條第 2 項規定，係指：1.依法令服務於國家、地方自治團體所屬機關而具有法定職務權限，以及其他依法令從事於公共事務而具有法定職務權限者；2.受國家、地方自治團體所屬機關依法委託，從事與委託機關權限有關之公共事務者；至於公務員服務法第 24 條規定，則以「受有俸給之文武職公務員及其他公營事業機關服務人員」爲適用範圍。三者定義既不一致，指涉意涵與範圍也各有不同。

　　公務人員之指涉範圍則較爲狹窄，相對也較爲固定與精確，一般係以公務人員任用法施行細則第 2 條規定爲準據。依該條規定，所稱公務人員，係指：1.中央政府及其所屬各機關；2.地方政府及其所屬各機關；3.各級民意機關；4.各級公立學校；5.公營事業機構；6.交通事業機構；7.其他依法組織之機關；其組織法規中，除政務人員及民選人員外，定有職稱及官等、職等之人員。

　　除卻各種法律規定不同之意義，在學理上對於公務員之定義亦見仁見智、莫衷一是，對公務員與公務人員的區分更是混淆與分歧。學者的用法與定義殊異，如上所述，行政法學者喜用公務員一詞，而人事行政學者常用公務人員一詞；其中以林紀東對公務員之定義：由國家特別選任，對國家服務，且負有忠實義務之人員。（林紀東，1977：237）最被肯定。

　　要之，公務員是具有法定任用資格，爲國家或地方自治組織所任用，而依法執行職務的人員。雖以狹義的公務人員爲核心主體，但也會因不同的法律規定而擴及周遭性質相近的人員。本書旨在探討公務員的倫理道德事項與公務倫理法制課題，對於公務員之定義並不依相關法律嚴格界定，而係採籠統說法，大致係指由國家直接或間接進用，在政府機關任職，從

事與公眾利益相關工作的特殊人群。

貳、公務員的性質

公務員既是國家或地方自治組織直接或間接依法進用，其僱主一定是公家，即政府機關；所依之法必定是公法，即行政法體系之人事法；所從事之工作必屬公務，即與公權力、公資源或公利益有關之事務。據此以言，公務員與一般勞工的僱主自有不同，在職務行使與身分保障方面，公務員受到的約束與保障皆更多，彼與國家的法律關係也與一般勞工有別。

正因為公務員與國家的法律關係與一般勞工有別，19 世紀德國學者拉班德（Paul Laband）與梅耶（Otto Mayer）等人遂提出「特別權力關係」理論加以說明。此一理論又稱特別服從關係理論，係指行政法主體的一方對於他方得為無定量的命令強制，他方則有特別服從的義務。其特徵主要有五：1.當事人地位不對等；2.相對人義務不確定；3.有特別規則；4.對於違反義務之相對人有特別的懲戒權；（涂懷瑩，1980：143）；5.不得提起行政爭訟。（林紀東，1977：119）

其後，由於民主化與法治國的嚴格要求，認為公務員的權利如受到公權力侵害時，亦應允許向司法機關提起救濟。傳統的特別權力關係遂被調整修正為公法上職務關係，或稱特別權利義務關係，或特別法律關係。此一關係理論的特徵有三：1.特別權力關係範圍變小；2.涉及基本權利限制者，亦應有法律依據；3.許可提起行政訴訟。（吳庚，1995：193）

綜上述之，公務員乃以一般公民為基礎，經由國家特別選任與進用，享有公資源，直接或間接代表國家執行公權力或與公資源、公利益相關的事務；其僱主乃是國家，與國家的法律關係定位在公法上職務關係。此既與一般勞工與其企業僱主之間的私法僱傭關係有別，亦與一般勞工與國家

之間僅有一般統治關係的情形不同。

參、公務員的範圍

前言之，在學術上公務員的意義見仁見智，在法律上公務員的意義亦廣狹有別。從最廣義的國家賠償法與刑法規定，迄最狹義的公務人員任用法施行細則規定，其差別實不可以道里計。若依國家賠償法規定觀之，公務員之範圍不僅涵蓋所有國家直接或間接進用的人員，也包括國家依法委託（付託）的人員；亦非僅指一般文職公務人員而已，也將軍人、公立學校教師、公營事業人員包括在內，其範圍甚廣。

不過若依一般觀念視之，所謂公務員通常僅指由國家直接或間接進用，支領一定薪水，直接或間接代表國家執行公權力或與公資源、公利益相關事務的人員；這顯然已將僅執行國家委託任務，而不支領薪水者排除在外。易言之，一般所指的公務員係指軍公教人員，包括文職人員、軍人、公立學校教師、公營事業人員在內，目前全國總數約在 91 萬餘人之譜。（許南雄，2013：54）如僅以公務人員人數論之，截至民國 102 年底，共有 34 萬6059 人。（銓敘部，2014：1）

政府機關文職人員包括民選首長、政務人員、狹義公務人員、約聘僱人員、其他臨時人員、技工工友、民意代表等；依其進用方式與職務性質加以區分，大致可分為民選公職人員、政務人員、狹義公務人員、輔助人員等四類。其中民選首長與民意代表係經由選舉產生，人數均少，兩者卻是民主制度下的代表人物；但後者職責不在執行公務，而是審議法案與監督政府施政，兩者通常併稱民選公職人員，而非公務員。政務人員指政治任命人員，乃委任產生，即由民選首長逕自任命，或提名經民意機關同意後任命之；通常又分為政務官與準政務官二者。政務官是為政策負責，隨選舉成敗或政黨更迭而隨時進退的高級公務員；準政務官是有任期保障，

且依法獨立行使職權，但共同作成決策的高級公務員。約聘僱人員與技工工友等均非組織編制內正式人員，一般均以輔助人員、廣義臨時人員、非常任人員或非典型人力視之；不過約聘僱人員、職務代理人所從事之工作屬職員層次，技工工友之工作屬勞力層次。一般所稱之約聘人員，即聘用人員，指各機關以契約定期聘用之專業或技術人員，與國家之間具有公法上契約關係。約僱人員，即僱用人員，與技工工友、其他臨時人員等，則與服務機關間發生私法僱傭關係。（如圖 2-1）

狹義公務人員乃以依法考試及格而正式任用之公務人員為主，旁及派用人員、聘任人員與機要人員。聘任人員僅學術研究機關、科學機關、訓練機關、社會教育及文化機關有之，且須於組織法中明定，其進用、服務與退撫事項大致參照教育人員規定辦理。派用人員僅以臨時機關或有期限之臨時專任職務為限，且應於組織法中規定或列入預算。機要人員係指各機關辦理機要職務之人員，機關長官得隨時將其免職。這三種人員雖非考試及格依法任用，但均佔有法定編制員額，且如符合法定資格條件，亦可依法辦理退休，一般均以正式公務員看待。

狹義公務人員依其適用法律及銓審單位為標準，又可分為一般公務人員與特種公務人員兩類。一般公務人員指行政職人員，乃直接適用公務人員任用法規定，由銓敘部銓審司銓敘審定之公務人員。特種公務人員指適用特種人事法律規定，而由銓敘部特審司銓敘審定之公務人員，包括司法、外交、主計、審計、警察、關務、政風、交通事業、醫事等 9 種人員。

綜上述之，公務員的範圍大小與其定義廣狹密切相關，在個別立法主義之下，其定義廣時範圍就大，否則就小。照一般說法，主要有兩種認定範圍，一以軍公教人員為範圍，一以政府機關文職人員為範圍。兩種範圍明顯不同，但均以狹義公務人員為核心。

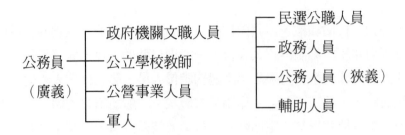

圖 2-1　公務員的種類區分

肆、公務員的資格

　　資格（qualification），係指取得某種身分、擔任某種職務或從事某種行為前所應具備的門檻條件。資格不等於身分、職務或行為，但只有具備一定的資格，始能取得該身分、職務或從事該行為的入場門票。在法治國的潮流趨勢下，為昭公開、公平與公信之旨，不論是對公務人員、公私立學校教師或與公共安全相關的專技人員，其資格要求不但日益明確，也日趨嚴謹。

　　在個別立法主義之下，不同的公務員法所稱之公務人員資格，其實有許多不同的面貌，例如應考資格、任用資格、參加考績資格、休假資格、訓練進修資格、保障資格、財產申報及信託資格、參加公教保險資格、參加公務人員協會資格、退休撫卹資格等。這些資格除應考資格是在源頭，屬公務體系之外，任用資格是指進入公務體系的門檻條件，其餘都在公務體系內部，且都以具備任用資格及身分為前提。職是，任用資格的重要性遠大於其他資格；一般所說的資格，如未特別界定，通常都指任用資格。

　　所謂任用資格，係指擔任公務員時應具備的條件及不得具備的條件；各種人員所應具備的資格各有不同規定。由於我國憲法明定考試用人政

策，故狹義公務人員均以考試及格爲最基本的初任資格，此與專門職業及技術人員應以考試定其執業資格是一樣的道理；只是前者被政府機關所任用，後者可能自行執業或受僱於民間企業而已。具有公務人員任用資格，不代表就能擔任公務人員，也不表示其現職就是公務人員。一般言之，任用資格加上機關職缺，然後按法定程序進行，且報到工作後才等於身分，具有現職公務人員的身分。不過因爲我國當前採任用考試，而非資格考試，也就是採「考訓用合一，即考即訓用」的政策，如應公務人員考試錄取後，即依成績高低及志願依序分配用人機關實施實務訓練，經訓練期滿成績及格者分發原機關試用，再經試用及格，始取得正式公務人員任用資格。職是，社會大眾並不特別區分資格、身分與職務三者，總是混淆使用。

　　任用資格包括積極任用資格與消極任用資格二種。所稱積極任用資格是指在任用上應具備一定的資格條件；消極任用資格則指在任用上一定不能有的限制條件。依公務人員任用法第 9 條第 1 項規定，公務人員之任用，應具有依法考試及格、依法銓敘合格或依法升等合格之一種，此乃積極任用資格。復依同法第 28 條第 1 項規定，如具有下列九款情事之一：1.未具或喪失中華民國國籍。2.具中華民國國籍兼具外國國籍。但其他法律另有規定者，不在此限。3.動員戡亂時期終止後，曾犯內亂罪、外患罪，經判刑確定或通緝有案尚未結案。4.曾服公務有貪污行爲，經判刑確定或通緝有案尚未結案。5.犯前二款以外之罪，判處有期徒刑以上之刑確定，尚未執行或執行未畢。但受緩刑宣告者，不在此限。6.依法停止任用。7.褫奪公權尚未復權。8.經原住民特種考試及格，而未具或喪失原住民身分。9.受監護或輔助宣告，尚未撤銷。即不得任用爲公務人員。第 27 條規定已屆限齡退休人員，第 22 條規定其他機關現職人員，各機關亦均不得任用。又第 26 條規定各機關首長或各級長官對於配偶及三親等以內血親、姻親，應迴避任用。一般均認爲這些規定，皆屬公務人員任用的消極限制資格。

　　易言之，公務人員任用資格實包括應具備的積極條件與不得具備的消

極條件二者；必須二者兼顧，始能符合規定，擔任公務人員。惟積極任用資格僅三者有其一即可；不過對初任人員而言，仍以依法考試及格爲唯一取得方式。至於消極任用資格，則前揭情事不論任用時或任職中，均不得具有，否則即不得任用爲公務人員，依法應予免職、撤銷任用、辦理退休或資遣。

公務人員任用資格有無具備，雖係依法爲之，惟並非當事人或任用機關或那一個人說了算，而是由銓敘部依法予以銓敘審定，包括銓定其資格，敘定其俸級。這也就是說公務人員在依法任用後，均應於三個月內將足以證明其具備所任職務之證明文件函送銓敘部予以認定，只有經銓敘部銓敘審定者，始承認其具備所任職務之任用資格。此一資格取得後，除非法律有所變更，或被依法撤銷者外，乃永久有效，縱然離職一段時間，他日仍可憑此一資格另覓相同職務重行再任。

綜上所言，一般所稱的資格，乃指任用資格；如欲擔任公務人員，必以該人員已具備公務人員任用資格爲前提要件。在具備積極任用資格，且無消極限制資格之後，經有權機關提供符合其資格規定之適當職缺，復經一定程序，始能成爲現職公務人員，具有公務人員身分。惟所謂資格有無之認定，並非當事人或用人機關自行認定，而是統一由銓敘部銓敘審定。

伍、公務員的身分

所謂身分（identity），是指某一族群或工作者的認同標誌，以與其他人員區別。例如因取得某一國家的國籍，從而具有該國國民的身分。就公務員的身分言之，主要是指現職、職業類別及與國家的法律關係。

公務人員身分，因具備一定的資格，加上適當的職缺，並依法定的程序進用而取得。（如圖 2-2）一旦取得公務人員身分，即與國家發生一定

的連結關係，必須執行其職務，享有一定的權利，也受到公務員服務法等相關法律的規範，不論上班、下班或放假時間，也不論是否在留職停薪、停職或休職期間，均須恪守公務人員的義務。直至離卻其身分，就其與國家之關係做個了結與清算後，除特殊事由外，即能免於義務的承擔與責任的追究，當然其得以享受之權利也因而結束。身分之於公務人員，顯然至為重要。

從國家社會的角度觀之，公務員因其生活面向的不同、法律關係的差異，分別具有國家的公民、國家的僱員、社會的個人等 3 種不同身分。（如圖 2-3）茲分述如次：

（一）國家的公民

公務員若撇開其工作的職務關係不談，也與從事其他工作的一般人民無異，都是國家的人民。此時國家與公務員的法律關係是一般統治關係，這是國家基於行使主權的必要而實施的概括統治，效果普及於全國的所有人民。人民雖是個籠統模糊的概念，卻因具有國籍而與國家發生連結關係，成為該國的國民；因達到一定的條件，例如年滿二十歲，未被褫奪公權，而成為公民。人民、國民、公民的範圍大小及明確度固有不同，但均依法負有納稅、服兵役、受國民教育及守憲守法等 4 種義務，並依法享有平等權、自由權、參政權與受益權等 4 種權利。適用的法律主要為憲法、刑法及行政法等公法法規，公務員以國家公民的身分盡其義務、享其權利。

（二）國家的僱員

國民因具備特定的資格，經國家的特別選任行為而成為國家的公務員，成為國家統治機器的組成分子之一，在法定職掌範圍內代表國家執行公務。因此可以說國家是公務員的僱主，公務員是國家的僱員。正因為公務員執行職務時，係代表國家或各級政府或公法人，掌有一定的公權力，動輒影

響人民的權益甚鉅，所以必須對公務員特別加以限制或約束，這就是國家與公務員的特別權力關係。晚近國家與公務員在職務行為上的法律關係雖已漸次調整為公法上職務關係，強調重要權利的保障與救濟、權利與義務的平衡及法令規範的明確，不過在權利義務的內涵上仍只有量的變更，並無質的改變。適用的法律主要有憲法、刑法、公務員法及其業務職掌相關的行政法。

（三）社會的個人

　　抛開公務員職務的立場與國家公民的身分，公務員也是社會的個人，享有私法上的權利，負有私法上的義務，公務員以其人民的身分與其他人民相互往來、平等對待。原則上國家對於人民與人民之間的私權互動，係採取不涉入的態度，僅在雙方有爭執時，始站在第三者的仲裁立場平亭曲直，加以裁判。基於社會個人的身分，人與人之間的權利與義務是相對的，因雙方或多方互動而產生，有權利即有義務，有義務始有權利，權利與義務二者總是伴隨而至。除具有特定身分關係者，如父母子女，不可改變外，通常具有相對性、概括性與不確定性，在不違法前提下，其權利與義務全視雙方互動及約定而定。易言之，雖可歸納私權利與私義務的種類，卻無法明確詳列社會的個人所有私權利與私義務的項目，公務員站在社會的個人立場，主要適用民法及商事法規定。

　　以上三種不同的身分構成公務員三個不同的生活面向與法律關係，在這三種不同身分中，當然以國家的僱員身分最為重要。因為這是公務員賴以維生的工作所在，也是公務員與其他人民最主要的區別，更是人事制度的重點。不過除職務外，公務員尚有其他的生活面向，扮演其他的社會角色，因此國家的公民、社會的個人兩種身分也不能忽視。惟有這三種不同身分的組合，始構成一個公務員完整的面貌。

資格（＋積極資格－消極資格）＋職缺＋程序＝身分

圖 2-2　資格與身分的關係

圖 2-3　公務員身分的種類

陸、公務員的職務

職務（position），是人事行政（personnel administration）經常聽到的名詞，凡是熟悉公務人員任用制度者莫不知之甚稔。然而表象的認識並不等於深入的瞭解，在眾人認識的背後，職務究竟代表什麼意義呢？謹分從法律規範、組織結構兩方面探討之，並進一步剖析其象徵意義與實質意義。

依公務人員任用法第 3 條規定，職務係指分配同一職稱人員所擔任之工作及責任。又該法第 7 條規定，各機關對組織法規所定之職務，應賦予一定範圍之工作項目、適當之工作量及明確之工作權責，並訂定職務說明書，以為該職務人員工作指派及考核之依據。復依職務說明書訂定辦法第 2 條規定，職務說明書由各機關訂定之，應包括：職務編號、職稱、所在單位、官等職等、職系、工作項目、工作權責、所需知能等 8 項。可知職務係機關組織內部個人、工作與責任的結合，職務的內涵其實就是職務說明書明確列舉的 8 個項目；不同的職務有不同的工作及責任，沒有兩個職務的內容完全相同。職是，每一職務的職務編號各有不同。

　　職務與職稱（title）、職位（position）有所不同。職稱是職務上名號的尊稱或官銜的稱號，具有尊嚴性、權威性，（李華民，1993：159）且有一定的職務內容，也代表一定的地位與權勢。在同一機關，除首長與幕僚長外，相同的職稱可能有兩人以上，例如司長、專門委員、科長、專員、科員、辦事員等，然而其承辦業務卻又不同；這也就是說職稱的使用範圍較為廣泛，職稱相同者，職務內容亦可能不同，當然各機關賦予的職務編號也就不同。職位是公務職位分類的產物，已因民國76年1月16日兩制合一之新人事制度的實施，而成為歷史名詞。職位與職務之英文譯名雖同，其意義也有相近之處，但兩者終究有所不同。大致言之，職位係包括職務與責任的一個工作單位，由有權機關分配及賦予，可能是永久性的，也可能是臨時性的，目前可能有人在位，也可能暫時懸缺。質言之，職位是對事不對人，而以職責事實為主；職稱是官銜上使用之名號；職務則是人與事兼顧，乃人員與工作及責任的結合，但以人為主體。（李華民，1993：159）三者雖然關係密切，惟終究有別。

　　職務是機關組織中的最小構成單位與次級系統，也是人事行政的任用（appointment）基礎。根據職務的工作性質、工作項目、工作量與工作權責等因素，組織設定擔任該職務的人員所需的資格與條件，然後進用合適的人員擔任此一職務。也因為組織內各種不同職務的結合，組織的正式結構因以形成，正式溝通管道因以建立。顯然的，職務雖小卻極為重要。

　　當然，職務應經設定與安排，而這設定與安排並非隨便的、散漫的，而是規則性的，已事先規劃的設計。設計的主要途徑，一是橫的安排，另一是縱的安排。所謂縱的安排，就是層級高低不同，但工作性質相同或類似的許多職務相互關係的安排。所謂橫的安排，就是層級相同，職責相當，但工作性質不同之職務的結合。以公務機關組織論之，縱的安排就是職系與職組，依民國100年考試院訂定發布之職組暨職系名稱一覽表規定，全國政府機關的所有職務均統歸在96個職系（行政類分設45個職系，技術

類分設 51 個職系）中，並歸納爲 43 個職組；橫的安排就是職等與官等，目前計分 14 個職等，以第一職等爲最低，第十四職等爲最高，這 14 個職等又分別列入 3 個官等，即第一職等至第五職等爲委任官等，第六職等至第九職等爲薦任官等，第十職等至第十四職等爲簡任官等。（如圖 2-4）

既然職務是組織中人員與工作、責任的結合，且因其性質與程度之不同，在縱斷面分別隸屬於不同的職系與職組，在橫斷面分別列入不同的職等與官等。顯然的，職務不同，功能與重要性也就有所不同。易言之，其背後代表的意義就有不同。職務到底具有什麼意義呢？茲分述如下：

（一）地位

不同的職務分別列入不同的職等與官等，職等與官等不同，代表其佔據的地位不同。如以台北市政府消防局比照簡任第十三職等局長與台東縣政府消防局簡任第十一職等局長相較，儘管職稱相同，但其地位顯然不同，職務的重要性因此有所不同。

（二）酬勞

不同的職務，可以獲得的薪俸及其他法定加給自有不同。雖然在現行講求形式平等的俸給制度中，相當的職等、相同的工作性質或同一個工作地域，俸給待遇大致相當，但因個人年資久暫、考績結果等因素，仍略有差別。通常職務愈高、愈專業、所負責任愈重，獲得的酬勞也就愈多，反之亦然；職務的意義十足反應在酬勞之上。

（三）權勢

每個職務，因工作內涵與接觸對象不同，其擁有的職權，或多或少都不相同，只要在其權限範圍內正當行使，都是法律所允許的。所謂權力、

權威、權勢皆因佔有某一職務而發生，而「不怕官，只怕管」的說法，亦
因該一職務是否擁有管人的職權明顯有別。顯然的，機關首長擁有的權勢
較多，可以運用的資源也就相對的增加；單位主管擁有的權勢次之；而幕
僚人員與業務承辦人員較少。不過實務上，不同職務的權勢大小，往往視
首長的信任與授權而定，亦視其職務的內涵而異。

（四）名聲

　　名聲亦稱聲譽，一個人的名聲如何，並非存在於一己的宣揚，而是存
在於別人的評價與看法之中。不同職務，往往因個人的知名度、一般大眾
的認知，而有不同的評價。有的職務既有實權，復有很好的名聲，如部會
首長；有的職務雖然崇高，享有好名聲，實權卻不大，如大法官、考試委
員。無可置疑的，名聲的高低亦是職務的重要意義之一。

（五）人際關係

　　職務不同，處理的業務即有不同，接觸的對象也有不同。有的職務經
常接觸民意代表，如各機關的國會聯絡人員；有的職務接觸對象是一般社
會大眾，如戶政事務所的戶籍人員；有的職務很少接觸別人，經常接觸的
是人以外的事物，例如自然科學研究單位的研究人員、動物園的獸醫、林
務局的巡山員皆是。因為接觸對象的不同，個人基於業務關係所能建立的
人際關係也就不同。

　　從上述之，可知每一個職務的背後，至少說明該職務擁有的地位、酬
勞、權勢、名聲與人際關係有所不同。前兩者有具體的衡量指標，容易形
成共識，可說是職務的實質意義。後三者較為抽象，不易有客觀的衡量標
準，可說是職務的象徵意義。由前述說明得知，職務與職稱、職位的概念
雖然近似，其實仍有不同。

圖 2-4　公務人員官等與職等對照

柒、公務員身分與職務的關係

　　公務員是經國家僱用處理公共事務的一群人，就其職掌事項，直接或
間接代表國家執行公權力，治理或服務全國人民。不只在職業僱主與職務

屬性上,有別於一般人民;在法規範密度與公益維護方面,也遠較私部門嚴苛。之所以如此者,主要是公務員與國家具有公法上職務關係,一般人民則僅具一般統治關係之故。職是,公務員的身分與職務不只受到特別的約束與限制,也給予特別的對待與保障。

所謂身分,就個別言之,是指一個人的出身證明,用以表彰其在社會上獲得的一定地位或與眾不同之處;就群體言之,是指一群人的職業類別與特具的法律關係。此處所謂公務員身分,並非從個別角度,而係從群體角度看,指的是公務員的職業類別及與國家連結的法律關係。公務員特具獨有的身分,就是國家的僱員,此乃其他職業一般人民之所無。

前言之,職務指一個人被分配的工作與責任的結合,雖然職務另有職掌、職權、職責等不同面向,彼此強調重點殊異。但職務一詞,顯然較偏於工作內容、對象客體與應負的義務及責任。雖然同在政府機關中,但每一公務員的職務都有不同,其差異性甚大;也因為如此,所以必須以橫剖面的官等、職等與縱剖面的職組、職系加以區分,並以不同的職稱予以稱呼。公務員職務的性質與內涵儘管各有不同,但只是內部的小異;若與社會上從事其他職業的人民相較,則有明顯的區別。

如上所述,身分與職務二者顯然有別。身分是基礎,是類別,是長久而普遍的概念;在漫長的公務職涯中,其與國家連結的公務員身分,始終維持不變;除非離職,否則身分也不會消失。職務是獨特的、單一的工作,在不同的時空環境,同一個人所從事的職務可能會有不同;這也就是說公務員在漫長的職涯中,職務一定會有調整與變動,甚至可能發生暫時停止的情形。為進一步瞭解二者之關係,謹分從發生、在職與消滅三階段說明之:

（一）在發生階段

　　由於我國現行公務人員考試係採「考訓用合一、即考即訓用」之任用考試，而非資格考試。一經考試錄取，不分正額或增額錄取，即依序分配接受實務訓練，訓練合格即分發任用，所以公務人員初任公職，率皆同時取得公務人員身分與職務。至於其他公務員，如公立學校教師或公營事業人員，大體亦是兩者同時取得。此與國民政府在大陸時期，有人已先取得公務員身分，並依此身分而受領部分薪俸，卻仍等待分派工作的情形，確實有別。

（二）在任職過程

　　在公務員三、四十年漫長的職涯過程中，其身分始終維持不變，但在正常情況下，職務一定會有變動，早年地方稅務人員自我解嘲的「五進五出」——高考或乙等特考及格分發第五職等任用，任職二、三十年後辭職他就或資遣、退休，仍是第五職等，應屬少見之實例。職務之調整，大體均是調升或平調，至於降調的情形，則屬罕例。雖然身分與職務通常都緊密結合在一起，但有時職務也會與身分暫時脫離。這也就是說雖仍保有公務員身分，卻暫時沒有職務，此一情形並不多見；早期的待命進修，目前的停職、留職停薪或休職，即屬之。

（三）在消滅階段

　　公務員與國家的法律關係，包括其身分與職務，均因離職而歸於消滅。所謂離職，是指永久的、確定的、沒有回頭的離開職務，是一種事實狀態。離職的原因主要有 5 種，包括辭職、資遣、退休、死亡撫卹與撤免職。辭職完全是個人因素；資遣與退休可能有個人考量，也可能是機關因素或制度規範；死亡撫卹是老天的決定，也是個人的無奈與家人的傷慟；撤免職

包括依公務員懲戒法的撤職、依公務人員考績法一次記二大過專案考績免職、年終考績考列丁等免職，以及違反公務人員任用法任用資格限制而予以免職等 4 種情形，前三者主要是出於機關懲罰的考量，後者則是機關因其具備公務人員消極任用資格所爲之處置措施。不過不論何種事由，公務員的身分與職務均因離職而同時歸於消滅。

總而言之，公務員的身分與職務二者本屬不同概念，其意義與內涵明顯有別，時人卻經常混淆不分，不無遺憾。不過兩者關係卻也極爲密切，儘管身分始終如一，職務常有變動，但不管擔任什麼職務，除非停職或留職停薪等特殊情形，不同的職務總是緊貼著一樣的身分，幾乎形影不離，這也難怪大家總是難以分辨清楚。

捌、公務員的基本認知

公，是個時時可見、處處可聞的字，幾乎無人不識、無人不曉。在不同時空，或與不同的字組成不同的詞，它的意義即有不同。例如：公正，指的是無私；公開，指的是非隱密；公共，指的是公眾共同，與個人相對；公堂，指的是政府機關；公務，指的是公共事務；公物，係指供公用之物；公益，則指公共利益。（辭海上，1980：524）這些不同的詞造就公的多面性意義與用法，既豐富公的內涵與價值，也提昇公的層次與重要性。

公務員，也是由公組成的名詞，顧名思義是指處理公共事務的人員。基本上必須具備一定資格，經由一定程序任用，然後由國家或自治機關賦予一定職權，也課予其一定的義務與責任。我國在封建時期，並無公務員之名，一般稱之爲官吏或官員。民國成立，孫中山從西方觀念引進，期勉政府機關人員應以「爲民服務的公僕」自居，並參考日本「公務員」的譯名，此後遂逐漸出現「公務員」的說法。民國 18 年國民政府制定公布公務員任用條例，乃我國法律文件使用公務員稱呼的開端。不過目前多數法律

係以公務人員名之，仍以公務員爲名的法律，僅餘公務員服務法與公務員懲戒法二者。

　　從人事法制角度觀之，公務員是廣義用法，舉凡軍公教人員、公營事業人員，均可包括在內；公務人員係狹義說法，指的是依法銓敘審定的常任文官。兩者指涉範圍明顯有別，不過一般社會大眾總是混淆使用，並不特別加以區分，管他有沒有「人」，只要能爲民服務即可，所著重的乃在其「公」的意義。因爲「公」才是重點所在，無「公」即不能成爲公務員，也無法成爲公務人員。

　　從公的意義出發，可從下述 5 個角度認知公務員：

（一）就法律關係言之

　　公務員與國家存在著公法上職務關係。在威權統治時期，特別權力關係當道，公務員承受著無定量的勤務，縱使權益被侵害，也不能提起訴願與行政訴訟。然而步入更成熟的民主法治時代，凜於對公務員人權的強調與重視，開始朝著公法上職務關係調整改進，抽象籠統的規定轉爲明確具體的規定，絕對無條件服從的義務轉爲相對服從的義務，完全不能提起行政救濟的作法漸次放寬爲對重要權利事項可以提起行政救濟的措施。這些改變，都說明公務員與國家的法律關係已逐漸調整爲公法上職務關係。

（二）就工作僱主言之

　　公務員的直接僱主是公家，即國家或地方自治團體；但眞正的僱主應是公眾，即全國人民。公務員因爲工作所在與隸屬關係而分屬不同機關管轄，表面觀之，機關首長似是僱主；然而深入以觀，首長只是機關的代表人或法定代理人，而機關亦只是國家法人或地方自治團體法人的業務分工單位而已，所以公務員的直接僱主並非某一人，而是國家或地方自治團體。

尤有進者，在「主權在民」的理念下，人民才是國家真正的主人，公務員的幕後真正僱主當然是全國人民無疑。

（三）就職掌事項言之

公務員處理公共事務，均攸關公權力、公利益與公資源。只要是公共事務，一定會涉及資源分配與權力運作；公務員在民選首長與政務人員的領導及民意代表的監督之下，必須依法行政，也必須回應民意要求。依據法令規定，秉承長官指示，本於工作職掌去執行公務，或多或少均會涉及公權力、公資源與公利益，只是其比重可能有所不同而已。例如警察人員執法，事屬公權力事項與公利益範圍；公立學校教師教學雖不涉公權力，卻攸關公利益；公立學校行政人員處理行政工作或研究機構研究人員從事研究工作，均已使用到公資源。可知公務員處理公共事務，均離不開公權力、公利益與公資源。

（四）就行為分際言之

公務員所作所為應公私分明；如公私有所衝突時，應先公後私。拋開職務工作，公務員一樣是人民，也有其私領域、私生活、私人感情的一面，基於人民平等、人權保障的理念，其屬私的一面，國家自應予以尊重及保護。從公務員個人角度看，也應做到公私分明，公是公、私是私，才能免除一些不必要的困擾與誤會。惟如公私有所牴觸衝突時，基於國家授權與本身職責，自應先公後私，以公為重；千萬不能私而忘公、以私害公。如此一來，公務員自能忠於職務、守住本分、言所當言、為所當為。

（五）就處事態度言之

公務員應公正、公平與公開。前言之，公務員處理公共事務，與公眾利益有關。因此，社會大眾莫不拿顯微鏡或放大鏡來看公務員，不只百般

挑剔，甚至幾近苛求完美，以期能保護或爭取其應有的權益。不過這樣的氛圍，也讓公務員陷入動輒得咎的地步，長嘆「不如歸去」，近年來部分公務員提早退休，與此不無關聯。如想自此一泥淖脫離，惟有以「三公」——公正、公平、公開態度面對之，不偏頗、不徇私、不欺騙、不隱瞞，打開黑盒子，一切攤在陽光下，乃能去除一般人民心中的疑慮，有助於公務員職掌工作的推行。

綜上述之，公務員一詞的首要重點在公，其次是公務。去除公或公務，公務員不再是公務員，只是一般人民，只是某種職業的工作者而已，公務員的代表性、特殊性、重要性將失去附麗空間而蕩然無存。職是，所有公務同仁均應深切瞭解公字在公務員一詞的重要意義，並體現在日常公務處理的行為與態度之上。果能如此，則當前一些政府機關不是很正常的行政管理事件，一般社會大眾對於政府公務員的疑懼與不信任現象，縱或不能完全去除，至少亦能減少到一定程度之下。

玖、公務員的角色扮演

前言之，公務員是以人民身分為基礎，經由國家擇優選任，而直接或間接代表國家執行公務的一群人。儘管每一公務員所佔據的職務與從事的工作內涵或多或少都有不同，然而他們的身分都是一樣的。就公法的統治關係言之，都是國家的公民；就公法上職務關係論之，皆是國家的僱員；若就私法關係觀之，均是社會的個人。彼等與一般人民的差異，只在第二種國家僱員的身分而已。

所謂角色（role），是指一個人因據有某種身分，或佔據某種職務，或與他人產生某種對應關係，而應恰如其分表現其應有的態度與行為分際。大致言之，角色可分為正式角色與非正式角色兩種，正式角色係因正

式關係，即公的職務關係而來；非正式角色係因非正式關係，即私的身分關係而來。若依是否具有血緣親屬關係或僅具友誼情感關係區分，非正式關係復可分為原級關係與次級關係兩種。原級關係是指與生俱來、不可改變的對應關係，如父母子女、兄弟姊妹即是；次級關係是指因後天互動與經營而建立的友誼關係，一般同學交往即屬之。要好的同鄉關係則是因有先天的地域做為基礎，加上後天努力經營始克有成；要好的同事關係則緣自於公的正式職務之互動，加上私的友誼交往，乃能持久；至於夫妻，原係次級關係經營的最高上乘，其親密程度甚至超越所有的原級關係。

公務員的職務類別與內涵既然各有不同，故其正式角色行為也有不同。例如從權力分立觀點言之，司法人以獨立審判為主，其工作偏在聽與斷；立法者以合議監督為重，其工作偏重說與議；行政官以團隊執行為多，其工作偏向做，重點在規劃、決策、溝通與執行。從層級地位觀點言之，高層是決定者，重在決策與領導；中層是傳遞者，重在協調與管理；基層是執行者，重在任務達成；與事件有關者扮演的是參與者或協助者的角色，若全然不受影響的則是旁觀者或陌生人的角色。從政府內部體系言之，每一公務員或多或少同時扮演著長官、部屬與同事 3 種不同的角色。這些不一而足的情形，正足以說明關係角色與多元角色的錯綜複雜，也讓公務員應有的角色分際，陷入各說各話的境地。

不過，如從一般民眾的角度向政府機關內部觀之，公務員至少要扮演下列 5 種角色：

（一）機關的代表者

公務員若因執行職務而對外有所接觸時，包括開會、協調、接觸民眾，都是代表本機關，必須顧及本機關的立場與形象。因此事先必須擬具處理腹案陳報首長，若超出簽准許可範圍或逾越授權處理權限，則必須立刻回報請示。此一機關代表的角色，並不因其職務高低而有不同，不過為符對

等原則與重要性原則，機關所派外出洽公人員之層級，允宜適度斟酌。

（二）政策的執行者

除少數參與政策決定的政務官及高級文官，或單獨作成政策決定的民選首長外，多數公務員都只是政策的傳達者與執行者而已，本諸依法行政與服從命令的原則，必須遵照上級機關或直屬長官作成的政策決定，據以執行。職是，有效的執行與任務達成，即是公務員非常重要的角色行為之一。

（三）民意的溝通者

公務員站在公務治理的第一線，特別是基層公務員，如警察、社工人員、村里幹事等，直接面對人民，他們對於相關民意的掌握度及業務本身的嫻熟度，絕對超越政務官或民意代表。公務員除應將法令或政策規定充分轉達或教導一般民眾外，也應將執行過程中所瞭解的民意充分的向上級反應，乃能善盡民意溝通者的角色。

（四）公益的維護者

政府與企業的最大不同是，企業可以完全以利潤為考量，凡事追求績效；然而政府卻必須照顧弱者、追求公平正義、滿足多數者的期望，這也就是說政府施政，必須以公益為優先。公務員既是政府機器的組成分子，自該本諸法令規定與政策指示，在權責範圍內，努力維護公益，方能盡到公益維護者的角色。

（五）人民的照顧者

公務員職掌之業務，所關涉的公權力、公資源與公利益之強弱、高低、

大小各有不同。表面觀之，公權力高者如檢警調人員，顯然偏向對人民之管理或治理；公權力低者如社福人員、教育人員，則較偏向對人民之服務或照顧。後者本屬照顧人民的角色，固無論矣！然而前者也不乏服務與照顧的成分，因爲對少數人的約束，其實就是要照顧多數人的權益與福祉，所以平時管理人民最多的警察，才有「人民的保母」的美稱。爲使國家的主人—人民，得到充分的照顧，公務員自應扮演好人民照顧者的角色。

總而言之，公務員因具有國家僱員的身分，所以在職責行使的正式角色，明顯的與非正式角色不同，也與人民的角色有別。公務員只有盡到機關的代表者、政策的執行者、民意的溝通者、公益的維護者與人民的照顧者等 5 種角色，才可說是一個優秀而稱職的公務員，無負國家選任與人民所託。

拾、公務員的角色行爲

「角色」一詞，最早緣自戲劇，其後爲社會學所借用，目前則是各種社會科學，包括管理學、行政學、心理學、組織學等廣泛而大量使用的名詞。大家可謂耳熟能詳，總在有意無意之間提及，然而角色的意義爲何？卻又見仁見智，人言人殊，難有一致的見解。若從早先戲劇學的概念言之，當指某人在戲台上扮演戲裡的人物，應該忠實的、認眞的詮釋其應有的言談與行爲；也就是所謂「是誰，就得演誰；演誰，就得像誰。誰演誰，誰都得像誰」的意境。至於社會上普遍的看法，大概指一個人因爲擁有某種身分，或據有某種職務，或與某人有某種對應關係，而應恰如其分的表現其應有的態度與行爲分際。

大致言之，角色指的是靜態概念，而角色扮演則是動態概念；以角色期望爲開端，以傳送、接受或調整爲途徑，最後則爲角色行爲的呈現。所謂角色期望，乃是對於扮演某種角色的人，對其採取某種行爲或態度的期

望；包括自己的期望與他人的期望，他人的期望又可分為重要他人的具體期望、一般他人的具體期望與一般民眾的抽象期望等。將角色的期望透過溝通過程傳送到當事人的認知系統，經由直覺反應或思考過程決定是否接受或調整，然後以具體的行為或態度表現出來，斯即角色行為。

　　每一個人身處社會體系，都不只扮演單一角色，而是同時分演許多不同角色，既有正式角色與非正式角色之分，也有公的角色與私的角色之別，更有職務的角色、家庭的角色、朋友的角色等許多不同角色分別同時扮演。正因為多元角色的同時存在，遂產生複雜的角色體系，使得同一人不同角色彼此之間可能產生衝突，出現角色錯亂或錯置的情形；而實際表現出來的角色行為，也可能與社會期望應有的理想角色有所落差。

　　個別的公務員都是社會的一分子，一樣有其許多不同的角色需要同時扮演，公務員在職務上的角色只是其中之一。不過因為國家與公務員之間具有特別的權利義務關係，國家也是公務員直接或間接的僱主，所以每一公務員在其職務上的角色扮演，可以說是最重要，也是最有意義的事情。儘管每一公務員的角色因為在機關中的組織地位、對應關係、職掌事項等不同而有區別，不過從巨觀的角度出發，公務員的角色仍有甚高的共同性或相似性，一般社會大眾對公務員也有很高的期望。謹分述如下：

（一）決定者

　　公務員如非民選首長或政務人員，即不是政策的決定者，只能依據法令規定與上級長官命令執行公務。不過所有公務員，不論其職務高低，在長官的指揮或監督下，就其職掌事項，在授權範圍內，都有權決定如何處理；縱非授權範圍，也可斟酌決定如何提出建議。顯然的，公務員具有決定者的角色。

（二）中介者

許多公務員就其職掌事項扮演媒介者，甚至是溝通者的角色，可能在同仁之間，可能是與民意代表、新聞媒體或一般民眾的接觸洽談。例如：中高階公務員將來自於基層同仁之公文簽稿轉呈政務官批示，或將長官指示轉達所屬照辦；人事主管轉達機關首長有關人事指示事項給全體同仁知悉；某一同仁奉長官指示接見前來陳情或示威抗議的民眾等等，皆屬中介者，也可說是溝通者的角色。

（三）執行者

政府業務複雜繁多，公務員的工作內涵也是紛繁不一，各有分殊。或偏督導管理，或偏現場執勤，或偏公文處理，或偏會議管理，或偏檢驗、勘驗、驗證，或偏書記紀錄等。儘管工作各有不同，不過都是其所負責工作的執行者，實際執行該工作事項，此即公務員執行者的角色。

（四）協助者

有些事項雖非某一公務員主要負責的業務範圍，卻與其職掌有關，基於「政府一體」、「機關人格化」的立場，這時就應主動提供意見、相互協調溝通、予以充分協助，俾能達成任務、解決問題。時下偶見極少數同仁站在機關本位的角度，不願配合，老扯其他機關後腿，顯係忽略公務員協助者的角色之故。

（五）支持者

「不在其位，不謀其政」，對於與其工作職掌無關的事項，公務員本無參與的空間，當不在話下。不過基於「對國家忠誠，對政府政策支持，對執政黨保持行政中立」的基本認知，公務人員自應對政府作為表示支持

之意，而非止於旁觀。當然卸下公務員的身分與職務，公務員也是人民，站在人民的立場，基於言論自由與民主理念，對於政府政策如有不同意見，在適度範圍內亦非不可提出建議或批評。

　　總而言之，本於政府機關的立場，從身分與職務的角度出發，公務員的角色明顯與一般民眾不同。儘管每一公務員的工作內容有別，不過從巨觀的角度言之，如上所述，皆具有決定者、中介者、執行者、協助者與支持者 5 種角色行為，程度或有差別，本質殊無區分。

　　「是什麼？做什麼；做什麼？像什麼。」明乎公務員的角色行為，則公務員該做什麼？不該做什麼事情？其實已不難瞭解矣！

拾壹、公務員的行政責任

　　所謂責任（responsibility or accountability），係指基於法律或倫理等規範，個人在份內應為之事；如未做到，則應承擔一定的後果之謂。人生在世，不論擔任何種職務，或擁有什麼身分，皆應擔負各種不同、程度不一的責任，只是如年紀太小不懂事或心神喪失、精神耗弱等特殊情事，可以免除或減輕其責，或由他人代負其責而已。通常言之，權力愈大者，所負之正式責任也愈重，而關係愈密切者，所負之非正式責任也愈大；反之亦然。

　　從巨觀角度，公務員責任大致可區別為內部責任與外部責任、正式責任與非正式責任、法律責任與倫理責任、主觀責任與客觀責任等 4 種。（許南雄，2000：257；2004：229）公務員既是為國效勞、為民服務的人群，與一般人民不同，自有其應負的一定責任。這些責任除一般所謂的倫理責任，或稱道義責任，或是道德良心，顯得較為模糊抽象，較難以課責外，其他均以法律加以明定，一切均依法令規定論其責任，故可名之為法律責

任，或稱法制責任；主要有刑事責任、民事責任、國家賠償責任與行政責任 4 種。（如圖 2-5）所稱刑事責任，是指公務員觸犯刑法所定與職務有關之罪刑時，所課予之刑事責任；又可分為職務犯與準職務犯兩種。所稱民事責任，係指公務員於執行職務時，因違反職務侵害他人法益，致使國家利益或第三人權利遭受損害，應負民事上損害賠償的責任。所稱國家賠償責任，係指公務員於執行職務行使公權力時，因故意或重大過失不法侵害人民自由或權利，國家在負擔損害賠償責任後，轉而向公務員求償，公務員因而產生間接負擔之賠償責任。所稱行政責任，係指公務員因違反行政上義務，以致發生違法、廢弛職務或其他失職行為時，依公務員法規予以處罰，因而應負的責任。

　　大致言之，責任起於生責，繼之以課責，最後終於究責。行政責任亦是如此，乃因具有公務員的身分與職務，因而應負一定的行政上義務；若有違反義務的情事，即予以行政上的處罰，遂生行政責任的問題。所指違反義務，包括違背法律、廢弛職務或其他失職行為。如有這三種情事，即可依公務員服務法、公務人員考績法、公務員懲戒法及其他相關法規予以究責及處罰。若依公務人員考績法所定程序處罰者，一般稱之為懲處責任；如依公務員懲戒法所定程序處罰者，則稱為懲戒責任。這也就是說，公務員的行政責任可再區分為懲處責任與懲戒責任兩種；惟此兩種責任僅擇一行之，如同一事由已受懲戒處罰時，即不再受懲處處罰。

　　公務員個人應負的懲戒責任，乃因政府部門懲戒權行使的結果。依公務員懲戒法規定，各院、部、會長官、地方最高行政長官或其他相當之主管長官，認為所屬公務員有應受懲戒之情事，應備文聲敘事由，連同證據送請監察院審查；監察院認應移付懲戒者，應將彈劾案連同證據，移送公務員懲戒委員會審議。但對於所屬九職等或相當於九職等以下之公務員，得逕送公務員懲戒委員會審議。如不服懲戒處分，依法可移請或聲請該委員會再審議。

　　公務員個人應負的懲處責任，是各機關依公務人員考績法及相關規定行使懲處權的結果。各機關於所屬公務人員有功過表現時，即可辦理平時考核及專案考績，包括正面的獎勵與負面的懲處；惟懲處責任僅指負面的，對其有不利益的處罰。除符合例外規定者外，各機關應依法設置考績委員會，對公務人員之獎懲予以初核，遞送機關長官核定；如機關長官有意見時，得簽註意見，交考績委員會復議；機關長官對復議結果仍不同意時，得加註理由後變更之。

　　公務人員被懲處後，依公務人員保障法規定均可提起救濟。如係考列丁等或一次記二大過免職之情形，可以提起復審，如對復審決定不服，尚可提起行政訴訟。如受記一大過、記過或申誡之懲處，可依申訴、再申訴程序請求救濟，但再申訴決定後，不得提起行政訴訟。

　　由上所述，可知行政責任係屬公務員法律責任之一種，以個人行政上義務為課責對象，雖具有處罰性質，但論其處罰效果，僅分別為身分之剝奪、工作之免除、財產之減損與名譽之傷害而已，顯較刑事責任為輕。若就懲戒處罰與懲處處罰相較，除懲戒之撤職與懲處之免職兩者效果約略相當外，懲戒處罰大體上均較懲處處罰為重。此二種行政責任追究之管道，基於一事不二罰之法理，機關只能擇一為之。因懲戒程序採一審終結制，除具有法定事由，依法可以移請或聲請再審議者外，均不能提起救濟。至於懲處，如為免職處分，可提起復審、第一審行政訴訟與第二審行政訴訟；如屬記一大過、記過與申誡處罰，則可提起申訴與再申訴，分別請求救濟。懲處之救濟明顯優於懲戒。

　　要之，「一個沒有用的政府，比之暴虐的政府更為有害。」（鄒文海，1994：95）「民主政治之可貴不在其公務員皆為好官良吏，而在其確立責任體制，能戒官吏為非，能使官吏積極有為。」（許南雄，2004：228）確定公務員責任體制，既能防止暴虐，亦可避免無能，自有其重要性。如上

所述，公務員行政責任係因其負有行政上義務，若公務員因違背法律、廢弛職務或其他失職行為，致不能履行或達成義務時，即應面對處罰之後果。公務員如僅單純的違背公務倫理，自無行政責任的追究問題；但如違反公務倫理法制規範，則應追究其應負的行政責任。易言之，如公務員均能善盡行政上的義務，即不生行政責任之問題；故行政責任具有事先嚇阻與事後論究之功能，已不辯自明矣！

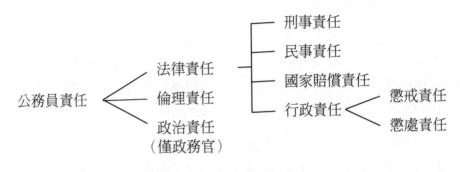

圖 2-5　公務員的責任種類

第三章 倫理道德

壹、倫理道德的核心概念

倫理（ethics）是個經常掛在嘴邊，不經意就脫口而出，大家耳熟能詳的概念。雖然古今中外對於倫理的認知不盡相同，但大致指人與人之間相處的道理，也就是人群生活關係中互動行為的公認法則。倫理通常與道德（morality）併稱使用，其本質為規範性的應然問題，包括道德價值與道德義務的判斷。（莊秋桃，2012：9）

秩序、和諧與共進是群體生活中最重要的三個標的，（蕭武桐，1991：29）而法律（law）、宗教（religion）、倫理道德則是人類追求此標的的重要途徑，也是人類主要的社會控制工具。法律是外在的要求、強制的規範，是最低限度的倫理道德，所以遵守法律往往是被動的、非志願性的，但也是最有效果的。宗教與倫理道德則是內在的、非強制性的要求，但要求標準相對較高，對於違反者雖不能課以強制性的懲罰，不過透過公眾輿論力量，往往也有很好的改正或示範效果，故為政者無不重視。只是西方走宗教法律之路，我國則走倫理道德之路。（梁漱溟，1982：306）

倫理一詞，在西洋，源於古希臘字"ethos"，意指個人的特性（character）、本質（nature）或性情（disposition），主要是區別是非與善惡。（A. J. Kimmel，1988：25）其後三哲之一亞里士多德（Aristotle）著有倫理學（Nicomachean Ethics）一書，遂開啓有系統的研究倫理道德之路。在我國，倫理始見於禮記，倫猶類也，輩也；理猶分也，原指事物之倫類條理，（蕭武桐，1996：7）其後引伸為人與人如何應對相處的道理；有時也指人類思想之指標與正

當行為之規範。有人認為我國倫理重視內在精神的涵養，西洋倫理強調外在實力的表現；其實中西倫理觀念殊途同歸，都以道德之善的追求為最高理想。（黃奏勝，1982：87）

道德一詞，在西洋，係從拉丁字 "moralis" 而來，意指風俗（custom）、態度（manners）或特性（character），乃一般性規範的行為。在我國，首見於禮記，道者，路也；德者，得也，得事宜也；道之得者，即是道德。（蕭武桐，1996：13）宋朝朱熹有言：德者，得也，行道而有得于心者也。又謂：道，人倫日用之間所當行者也。（王海明，2001：105）可知道之本義為道路，其後引伸為規律和規則；故道德是人應當遵守的行為標準。一般言之，道德由道德目的、道德實體與道德規範三部分所組成。（王海明，2001：1）

倫理與道德二者在本質上或一般使用概念上並無差別，通常都併稱使用；不過如嚴格區分，仍略有不同。黑格爾（George W. F. Hegel）認為道德是主觀內心的法，是內心信念的規定，自我的特殊規定，是意志的特殊性；倫理則是客觀法與主觀法的統一，調整主觀與客觀、內在與外在、普遍與特殊的關係。（王偉，2001：50；何懷宏，2002：11）亦有謂：倫理是整體，其涵義包括人際行為事實如何的規律及其應該如何的規範；道德只是部分，僅指人際行為應該如何的規範。例如君臣關係可說是倫理，但不能說是道德，只有君臣之義才可說是道德。（王海明，2001：105）

此外，亦有人認為道德指涉的層次較低，範圍較廣，除人與人的關係外，也兼及人與其他事物的關係；倫理的層次較高，範圍較狹，通常僅指人與人的關係，且以角色的相對關係為前提；道德可涵括特定客觀的事物，如吸毒、自殺等行為，倫理則否。通常表示規範、理論時，傾向使用倫理一詞；而指稱現象、問題時，則傾向使用道德一詞。（何懷宏，2002：12）可見二者之區分，學者看法亦不一致。至於我國古代所謂五倫，今日所謂行政倫理、校園倫理、社會倫理、國會倫理、第六倫（李國鼎語，指陌生

人之間的倫理；孫震，2014：A14）等，都是不折不扣的指人與人相對的、互動的倫理關係。

　　倫者，倫偶之謂，係指生活中彼此相關之兩方，故人對人的情理是謂倫理。（梁漱溟，2012：144）倫之精義，在於個體相對之間的等差關係。（金耀基，1992：10）倫理既是人倫之理，乃內在的規範，係透過大眾的共識而形成的社會準繩，那麼由內而外，必有牽動個人抉擇與作為的背後因素。這些因素，即倫理道德的核心概念，主要有價值、道理與責任等 3 項。茲依序說明之：

（一）價值

　　價值（value）在整個倫理道德的概念系統中，是基於最基本的地位。有人稱之為價值觀，或價值體系，乃人類可欲之表達，是對某種事物在感情上的深度確認，也是人類行為背後的驅策動力，（R. L. Means，1970：56）具有規範作用，影響人們的行為和社會期望。（繆全吉，1988：24）一個社會中有無數的價值，彼此之間可能相互增強，亦可能相互衝突，但多數價值是各自獨立，並無關聯。

　　按其性質，價值可分為目的性價值與工具性價值兩類，前者指述生活的目的，後者指述行為的方式。在目的性價值中，復可依其著眼於個人或群體之不同，區分為個人價值與社會價值兩種；在工具性價值中，亦可依其是否涉及善惡的評斷，而區分為道德價值與能力價值兩種。若按受益對象區分，價值可分為自我取向價值與他人取向價值兩類。如依價值的存在意義加以區分，則可分為主觀價值與客觀價值兩種。（蕭武桐，1996：37）但不管如何區分，都不能否認價值是一種信念、一種偏好，具有持久性的本質，儘管個人價值觀念不同，不過各種價值觀念在組合成為價值體系（value system）後，勢將影響個人或社會對周遭事物的選擇、安排與決定。

（二）道理

　　道理（reality）指一定的法則，情理乃指人情事理；德者得也，正謂有得於己，有以自得。（梁漱溟，2012：108）道之得者，謂之道德，道理的最上位就是道德。道德發生於團體中，乃規約個人處理社會行為的價值體系，代表人類自我或他人人格中具有社會意義的、值得讚賞的領域。道德的目的在使個人於團體生活中有較好的與有意義的生活，以及防止破壞此種和諧的、秩序的情境。

　　道理是客觀的存在，也是主觀的意願。道德是一種意識觀念，也是一種行為取向標準，隱含著義務的意義及相對的概念。由於道德是社會行為規範的累積，也是公眾認可的準則，所以服從道德也就是服從社會。一般言之，倫理與道德二者相互為用，不加區分；縱或嚴格加以區分，也因為道德的範圍較廣，衡量指標較為具體與顯現於外，所以個人的道德觀念與社會的道德標準勢將影響個人的倫理觀。

（三）責任

　　責任（responsibility or accountability）來自於義務（duty），因未盡到義務而有責任。倫理關係係表示一種義務關係，一個人似不為其自己而存在，乃彷彿互為他人而存在。（梁漱溟，1982：90）康德（I. Kant）認為：倫理乃義務的履行，是為義務而義務。（黃奏勝，1981：200）正因為前述價值與道理的特性，使倫理道德的基準極不明確，範圍也不易限定，幾乎是人言人殊，係屬於較不確定的概念，常隨時間、空間、事件而變化。職是，價值與道理雖可作為倫理道德的指引，但終究不夠明確與具體，若要合於倫理道德的標準，勢必要他負起責任。這也就是說倫理道德若要有效執行，尚須強調責任的實踐，才能達成他人對自己的角色期望。只有能盡責任的人，方能表現道德的義務。（黃奏勝，1981：264）

　　責任可分為主觀責任與客觀責任兩種，主觀責任係指我們自己本身對責任的感受，也就是個人內心主觀認為所應擔負的責任；客觀責任指法令規章與上級交付的客觀應盡責任，也就是外在加諸於我們的義務。從人員的角色扮演言之，客觀責任來自於法律的、組織的、社會的需求，而主觀責任卻根源於自己的經驗與認知。（蕭武桐，1996：34）由於個人主觀責任的驅力與外在客觀責任的要求，倫理道德方能進一步的落實與具體的達成。責任的概念對倫理道德的實踐來說，顯然十分重要。

　　綜上所述，價值、道理與責任三者組合而成倫理道德的核心概念。其中價值是最廣泛的追求標的，道理乃合理性，攸關行為的取捨標準，而責任則是使行為合乎標準，也就是踐履倫理道德的內外在要求。由於這三者的驅力，倫理道德方得以建構。

貳、倫理道德的內涵與分類

　　我國素有「禮儀之邦」之稱，早在周公制禮作樂之際，即確立「德治」的治國方向。以孔孟荀為主的儒家思想，一向重視「全人」（The whole person）的觀念。（吳瓊恩，2009：684）故不僅歷朝各代統治者重視倫理道德的治理與教化工作，亦有諸多鴻學大儒著書立說、開班授徒，積極弘揚與推廣倫理道德的理念與德目，進入社會每一個角落、每一個人的內心之中。禮儀之邦、文明古國的美稱，自非浪得虛名。

　　基本上，倫理道德係以德目的方式呈現，這個德目可能只有一個字，或由兩個字、三個字組成的字詞所構成，如忠、仁等。德目本身雖有其基本的概念，但不見得可以精準的掌握其意義，總是人言人殊；而由各德目延伸的概念、注釋與說明也很多，不同學者的見解更是見仁見智，在大同中存有小異。正因如此，倫理道德的內涵十分豐碩，自古以來一直都是規

範社會人心的重要體制力量。

　　倫理道德的範圍至大至廣，只要與修心養性、待人處事有關者就是它的空間所在。上至國君，下至庶民，大如國家組織，小如家庭，親密如夫妻、情侶，生疏如路上交會而過，或從未謀面的陌生人，均有倫理道德的適用性；只是不同的朝代、不同的學者強調的重點或歸納的核心有所不同而已。例如：管仲以「四維」（禮、義、廉、恥）為要，孔子歸結以「仁」為核心，孟子則以「義」為重心，荀子以「禮義」為主，大學則以三綱領（明明德、親民、止於至善）與八條目（格物、致知、誠意、正心、修身、齊家、治國、平天下）予以統攝之，儒家思想則以中庸貫穿之。孫中山認為八德（忠、孝、仁、愛、信、義、和、平）是我國固有道德中最重要的部分，考試院以「廉正、忠誠、專業、效能、關懷」五項做為我國公務人員的核心價值。儘管強調重心不一，但都無損其豐富的內涵。

　　傳統倫理道德較常被提及的德目，除上述四維八德、三綱領八條目外，主要有：五倫（父子有親、君臣有義、夫婦有別、長幼有序、朋友有信）、三達德（智、仁、勇）、三綱（君為臣綱、父為子綱、夫為妻綱）、五常（仁、義、禮、智、信）、三從四德（幼時從父，出嫁從夫，夫死從子；婦容、婦德、婦功、婦言）、五義（父義、母慈、兄友、弟恭、子孝）、五德（智、信、仁、勇、嚴）、五守（守法、守信、守密、守時、守分）、人生三境界（真、善、美）、官箴（清、慎、勤）、五福（壽、富、康寧、攸好德、考終命）、六德（知、仁、聖、義、中、和）、六行（孝、友、睦、婣、任、恤）等。在西方，柏拉圖（Plato）則認為道德的基本德目有四，即智慧、勇敢、節制、正義。（P. Shorey，1934：91）古希伯來人則以信、望、愛三德為其倫理思想及宗教信念。這些不同的歸納，自有其時代意義與特定價值。

　　至於在現代社會中較常被提及的德目，則有孝順、忠誠、效忠、負責、公正、正直、主動、認真、效率、效能、守密、正義、公益、服務、關懷、

廉明、清廉、誠實、順從、順服、守法、幸福、同情、憐憫、悲憫、利他、和平、公平、平等、自由、人道、無私、愼獨、謹愼、自尊、自愛、愛人、謙虛、謙和、勇敢、節制、紀律、名譽、榮譽、博愛、慈愛、良心、美德、公德、責任、負責、行政中立、遵守程序、揭發弊端等。其意義有的十分近似，有的在某些特定時空可能會有矛盾衝突之處；亦有部分內涵被吸收成爲法體系的一部分，而不再侷限於倫理道德的理念。

大致言之，這些德目的具體內容是行爲規範。由於人性向善，各種倫理道德規範才有穩固的基礎；藉由這些規範，也可能幫助其個人完成理想的人格。（傅佩榮，1993：21）

如從適用的人際關係與對象言之，上述倫理道德的德目大致可歸納適用於下述 4 個領域：（如圖 3-1）

（一）家庭倫理

倫理是以人情爲基礎，家庭成員之間，不論夫妻或父母子女、兄弟姐妹，都是關係緊密、互動頻繁，也是相處最長久的人群組織，具有血緣與親情的聯結。最早的倫理道德建構便是從家庭出發，目前的倫理道德規範也是以家庭爲核心。職是，家庭倫理是倫理道德適用領域中最重要的區塊。

（二）公務倫理

在政府部門服務的公務員，於執行公務行爲或從事與其身分相關的活動時，應秉持的心態認知，及如何與其周遭的人相處的倫理規範，即屬之。此乃公務員的職業倫理，攸關人民對政府部門的觀感，涉及政府爲人民服務而存在的基本價值，至關重要。如依場域區分，又可分爲政治倫理、行政倫理、議會倫理、司法倫理、軍中倫理與校園倫理六者，其中以行政倫理最受重視，甚至有人將公務倫理與行政倫理劃上等號，其重要性當不難

理解。

（三）企業倫理

　　相對於公務倫理，係指服務於私人企業公司行號所應遵守的職業倫理規範。由於法令規範限制較少，且「行規」效力遠不如法規，在一切講求降低成本、提升效能，以追求利潤極大化的企業經營原則之下，經營者的企業良心、公司內部的企業文化、企業的社會責任等攸關企業倫理的事項，自屬重要。

（四）社會倫理

　　這是五倫以外的第六倫，指群己關係，係個人如何對待周遭不認識的陌生人，乃至器物設施、動植物、環境的觀念與作為。一般所說的關懷心、同理心、公德心，均與社會大眾相關，可適用於此一領域。過去社會倫理並不受重視，不過因它攸關社會風氣、公眾利益與公共責任，是社會文明的重要指標，近年來經政府不斷的宣導及社會重要人士的倡導，此一情形已有所改善。

　　總而言之，倫理道德的內涵十分豐碩，範圍至為廣泛，其德目雖然簡要，卻可普遍運用在與人相關的所有事情。如依其所在領域予以區分，大致可分為家庭倫理、公務倫理、企業倫理與社會倫理四者，這四大領域雖然不一定能嚴格劃分，但所在位置均屬明確。由於這四大領域的結合，整個完整的倫理道德拼圖才能呈現。

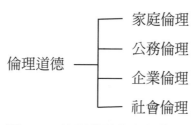

圖 3-1　倫理道德的領域劃分

參、宗教與倫理道德的共通性

　　法律、宗教與倫理道德三者都是當代維繫社會體制的主要支柱。抽離這三者，人不再是人，國家也不再成其為國家。不過這三者在不同國家社會所佔的比重並不相同，在民主法治國家，一切依法而治，法律當然最重要；在中東回教國家、西藏地區，「政教合一」，宗教就是國法，就是一切，宗教無疑最為重要；然而在我國古代社會，崇尚孔孟儒家之道，倫理道德則佔有最主要的地位。事實上這三者所代表的意義亦有不同，法律代表的是國家全面的公權力，宗教代表的是社會部分人心的信仰，倫理道德代表的則是社會普遍的良心與共識，其立足點不同，嗣後的發展與重要性也有不同。

　　宗教是歷史的鑰匙（洛德・阿克頓《Lord Acton》語；張志剛，2005：100），是人類文化的開端，不僅人的思想知識、人群秩序，乃至於政治及各種學術均導源於宗教。（梁漱溟，2012：39）法律與倫理道德並不例外。一般言之，宗教的根據在出世，而其根源則是依賴感出自對外力的假借，而解放自己、完成自己。有道是：宗教之可貴，在它使人得到最大的好處。（梁漱溟，2012：44）藉由信仰，靠著相信他者（上帝、阿拉）或相信彼岸（天堂、涅盤）的存在，使人超脫生死，得到救贖。（林火旺，2010：84）

道森（Christopher Dawson）指出：宗教信仰雖然遠離社會生活，但它卻為社會生活注入一種自由的精神因素，引導人類走向更高級、更寬廣的實在境界。（張志剛，2005：96）梁漱溟亦云：宗教雖於身體不解飢渴，但它卻為精神時多時少解些飢渴。（梁漱溟，1987：201）

　　世間宗教複雜萬狀，欲為分類分級委實不易，惟如從其出世傾向表現高下言之，約可分為三大等級。初級者總括所云多神教，其崇信仰賴的對象或為族性祖先，或為鄉邦神祇，或為一山一水之神，或為具有神靈之任何一事一物。高級者，其所崇信而仰賴者乃主宰全世界之唯一大神，如所云「上帝」、「天主」、「真主」即是。最高級者，唯一圓滿之出世法，惟從佛教可以見之。（梁漱溟，1987：208）

　　所謂法律，前言之，係指為達成國家目的，而透過民主手段，建構一套形諸文字，而由國家賦予強制力量的社會規範；建構的時間相對較短，但較為客觀，具有普遍性。宗教者，出世之謂也；以超絕與神秘為其共同特質，以對於人的情志加以勖勉，對於人的知識作用超外為其共通條件。（梁漱溟，2012：50）所謂宗教，係指由先知先覺所建構的誡約教義，透過崇拜信仰的方式，用來教化世人的社會規範；遠古即有，亦不斷發展，不過較為主觀，僅具部分性。所謂倫理道德，係指為使社會和諧有秩序，經由約定俗成、長久演化而來的社會規範。其建構與發展，當在前二者之間；其規範較宗教客觀，較法律主觀，雖有普遍性，但無如法律具有外部的強制效果，亦不如宗教具有內在的強烈動機。大致言之，法律是以國家為適用範圍，對任何人均有強制約束力；宗教原屬團體組織，惟已漸次走向社會，甚至是國際社會，對信者有其約束力，對不信者毫無約束力；倫理道德則存在於社會，雖有約束力，卻無強制力。

　　固然當前臺灣社會，任何人皆應以法律為行事的主要憑藉，然而在法律所不及之處，例如法律未規定者、法律授權處理者、法律允許的私權領域，或個人的內心思維，在在需要宗教或倫理道德去填補、去維繫；也因

此宗教與倫理道德亦有無與倫比的重要性。儘管兩者有諸多不同之處,但就其本質、內涵、作用、憑藉與目的言之,卻也有相通之處,謹分述如下:

(一) 就本質言之

宗教在人的理智方面恆有其反智傾向,即傾向神祕超絕,總要在超知識、反知識之外,建立其根據。(梁漱溟,1987:207)易言之,宗教乃藉助萬能的神,有時難免貶低人的價值,不過其主要仍透過靜的經典教義與動的教化宣導,對人傳達其信念與價值。倫理道德亦以簡單的文字規範,經由父母長輩、學校教師等不特定人士,將其信念價值傳達給相關人員。兩者作為方式或有不同,但其本質均為形而上的精神,具有相當的主觀性、抽象性、社會性與規範性。所謂主觀性,指的是「信者恆信,不信者恆不信」;所謂抽象性,指的是化約的、歸納的、統攝的原理原則;所謂社會性,指的是兩個人以上依存互動的生活;所謂規範性,是指具有約束力或影響力的要求。就本質而言,兩者並無不同。

(二) 就內涵言之

宗教的領域至為廣泛,包括宇宙、人類的起源、人的前世與來生等,都是其探討的對象,只是不同宗教涉入的多寡深淺不一,講法亦不盡相同。不過其中最主要的內涵還是處理人的問題,包括人性、人心、人際等,此可謂各宗教之所同。倫理道德僅以探討現實的人心、人際問題為範圍,其探討範圍明顯較小。例如儒家不瀆人神,專注人事,把神祇崇拜寬容的降到民間。(張志剛,2005:81)就主要內涵而言,兩者亦無太大不同。

(三) 就作用言之

宗教透過先知、神職人員的教導指引,經由經典教義的研讀修習及成員之間的共同切磋,以追求心靈的安定、充實與成長,對於人的情感意志

方面，恆起安慰勖勉的作用。倫理道德則透過學校教師、社會賢達人士等，將古聖先賢老祖宗所留傳下來的訓言，予以傳承及發揚，以追求人際的秩序、和諧與穩定。就此而言，兩者均透過靜與動的兩種作用，完全沒有不同。

（四）就憑藉言之

宗教雖然僅具部分性，不能拘束全部的人，但對信教者而言，其自願遵行的效力甚強。不過對於違反教義者，除少數較為激進的宗教外，多數宗教只是採柔性的勸導建議；縱使制裁，頂多也只是眾人批判，逐出教門而已，並無強力的制裁作為。倫理道德一樣欠缺強而有力的制裁，其制裁措施只有社會清議與責問，亦是微不足道。二者與法律有國家公權力作為後盾的情形相較，其憑藉自較薄弱。

（五）就目的言之

除有特殊目的的宗教或藉以騙財騙色的邪教外，多數正當的宗教都是透過神秘、恐怖與希望的手段，勸導世人為善，不可為惡，以達到勸善懲惡的目的。倫理道德並未透過外力，只求人力，一樣是要達到勸善懲惡的目的。此與法律重在懲惡，幾無揚善的功能，完全不同。

要而言之，在人類生命深處，宗教與倫理道德本同其根源。（梁漱溟，1987：218）就現狀觀之，宗教與倫理道德雖然有其不同之處，然而二者卻也有許多相通之處，因此外國部分人士甚至有誤認我國固有傳統倫理道德就是「儒教」的情形。不過如同韋伯（Max Weber）所言：儒教實際上只是個倫理道德體系；正統的儒家既不討論原罪和救贖問題，也很少涉及超驗的實在。（張志剛，2005：80）如上所述，宗教與倫理道德二者在本質、主要內涵、作用、憑藉與目的等五方面，明顯有其共通之處。

肆、宗教與倫理道德的區別

　　宗教與倫理道德俱是自古以來維繫社會體制與安定人心的重要憑藉。儘管近代民主法治勃興後，法律的力量已躍居在二者之上，然而法律不過是最基本的底線，也是最後的防線，如法律有所授權，或容許自行處理之際，或法律所不及之處，也就是在不違法的前提之下，宗教信仰與倫理道德仍然是每個人心中最重要的一把尺，只是其重要性因人因時因地因文化而有不同。有人遵循不同的宗教信仰而為之，有人則以他認知的倫理道德規範為之，其情形不盡相同。

　　宗教者，出世之謂也；宗教的真根據在出世。出世間者，世間之所依托，蓋世間有限，而托於無限；世間相對，而托於絕對；世間有生滅，而托於不生滅。（梁漱溟，1987：208）所謂宗教，乃以神道設教而設立誡約，使人崇拜信仰者；或謂：凡利用人類對於宇宙、人生的神秘所發生的恐怖、模擬、奇異或希望種種的心理，構成一種勸善懲惡的教義，並用來教化別人，使人信仰者，都可說是宗教。（國語日報辭典，2011：496）世界各地的宗教繁多，有的系出同源，有的別出心裁；有的具國際性，也有的僅限於一定地域與民族。據世界宗教博物館展示說明，目前世界主要宗教有基督宗教（包括羅馬天主教、東正教與基督教）、猶太教、伊斯蘭教、印度教、錫克教、佛教、道教、神道教等 8 種，其中信仰基督宗教總人數約 20 億，堪稱世界第一大宗教，信仰伊斯蘭教與印度教人數亦在 10 億人以上，則分居二、三。（世界宗教博物館單頁說明資料，2014）

　　所謂倫理道德，包括倫理與道德二者，前已言之，倫理係指人與人之間相處的各種道德準則，道德則指社會大眾各種行為規範、價值意識與個人品德、觀念的總和；不過二者通常並不嚴格區分，泛指人與自己，或他人，或人以外的事物，從內心思想到外部行為，如何應對相處的道理。在周公制禮作樂後，倫理道德已與上層政治結合，成為教化人心的主要工

具；其後孔孟以仁義爲宗旨，力推平民教育，特別是漢武帝「獨尊儒術、罷黜百家」之後，倫理道德更成爲舉國上下一致的行爲準則。直至今日，其重要性仍未曾稍減。

如上所言，宗教與倫理道德顯然是兩個不一樣的概念，其區別大致有下列 9 點：

（一）淵源不同

人類文化都是以宗教開端，且每依宗教爲中心。（梁漱溟，1982：96）儘管宗教與倫理道德皆起源於人類的需要，不過宗教的起源遠較倫理道德更早，在先民社會即有；主要是對自然界的無知與敬畏，必須藉由外力的安排以求其安心，藉由信神的過程而得到解脫。倫理道德大致在人類已進入相當文明之後方才產生，不只較晚，西洋的倫理道德甚至依附於宗教而發展；在我國，則在進入農耕時代之後，爲使社會有秩序，人際更和諧，經由緩慢的演繹過程方出現，而倫理道德一向與宗教分途發展。梁漱溟謂：西方之路，基督教實開之；中國之路則打從周孔教化而來，宗教問題實爲中西文化的分水嶺。（梁漱溟，1982：96）誠哉斯言，亦可證明宗教與倫理道德兩者的淵源明顯不同。

（二）立基不同

各宗教的主張雖各有不同，但均具超絕與神秘兩個特質，即超絕於現有的世界之外，難以理智施展其作用，故必須求助於萬能的神。倫理道德則以人情、人倫爲基礎，處理的是切身的、眼前的、現實的事物，故不必外求。易言之，道德爲理性之事，存乎個人之自覺自律；宗教爲信仰之事，寄於教徒之恪守教誡。（梁漱溟，1982：107）就立基而言，兩者顯然有別。

（三）憑藉不同

各宗教的創立、傳承與發揚，一定要具備精神領袖、宣傳人士與教義經典三者，如佛教即以佛、法、僧爲三寶，三者缺一，即難有發展。至於倫理道德，係以簡單的文字與不成文的規範爲主，各人的解讀不見得相同，主要賴於父母長輩、學校教師、地方仕紳或碩望之士予以教導開化，其憑藉顯然較爲薄弱。

（四）範圍不同

宗教係以非理智、超現實的方式談論宇宙與人心，探討過去、現在與未來，其範圍可說無所不包，無處不在。倫理道德則從人情事理及理性務實的角度出發，主要探討現在的社會與人際問題，屬於世俗文化、社會文化的一部分，其範圍明顯較小。

（五）取向不同

宗教最初可說是一種對於外力之假借，所有的宗教都由看到人世的苦難開始，爲求離苦得樂，故藉助神以求解脫、保平安，所以或多或少都有出世的傾向。晚近雖見伊斯蘭教在某些地區普遍信仰，基督教、天主教積極走入人群，而佛教亦強調人間化、俗世化，但其離群出世的終極取向依然存在。倫理道德則存在於現實社會之中，根本沒有出世的問題。因此可以說，倫理道德屬於世間法，而宗教則是出世間法。（梁漱溟，1987：255）

（六）儀式不同

宗教往往藉助繁簡不一的儀式，以建立其權威，鞏固其信仰，提升神秘感，例如道教的齋醮、佛教的法會、基督教的禮拜、受洗，伊斯蘭教的五功（唸功、拜功、課功、齋功、朝功）即是。倫理道德只求現實的安排，

雖也要求個人某些積極的作爲，但基本上不會舉辦任何公開的、大型的儀式活動。

（七）訴求不同

費爾巴哈說：「依賴感乃是宗教的根源」，又說：「若世上沒有死亡這回事，就沒有宗教」，「唯有人的墳墓，才是神的發祥地」。所以「唯弱者乃需要宗教，唯愚者乃接受宗教」，「一切迷信之得勢，大都捨棄智力而任憑感情所致」。（梁漱溟，1987：211）職是，所有善的宗教都關懷眾生，以先知、覺者的角度出發，期能解除現世的苦難，強調報應與果報，追求來世或永生，故不無貶低現實人生的傾向。倫理道德雖不排斥或抵制宗教，也談及因果，但並非重心所在，其重心是在現世，追求理性，強調人際對應。誠如學者所言，佛教是割捨的剛猛，因爲要割捨，便要出家；但儒家是擔當的眞誠，既務實，也求內省。（王邦雄，2010：139）佛教與儒家追求標的不同，亦可證宗教與倫理道德兩者訴求明顯不同。

（八）發展不同

雖然各主要宗教均透過其專職人員或信徒，積極宣傳其教義，以擴張其範圍，故不無國際化的傾向；有些國家或地區甚至因採「政教合一」之故，其宗教影響力甚大；然而多數宗教仍有其地域性，不易對外擴張。至於倫理道德，因與其歷史文化、國情環境有關，通常具有地域性，不易對外發展。

（九）效果不同

一般言之，宗教較諸倫理道德，生效既快，力量也大，且不易失墜。（梁漱溟，2012：101）在政教合一的國家，該國國教的教義等同法律，其效力固無論矣！至於其他國家的不同宗教，亦因提供不容懷疑，也不容討論的

信仰答案，（楊照，2010：103）所以只要有所信仰，亦具有堅定的向心力與相當的凝聚力。因為信同一個神，所以情同弟兄姐妹，自願遵守教義，其效力亦無庸置疑；如有違反教義者，即不能見容於該一宗教團體，勢必受到嚴厲的譴責、制裁，甚至被逐出教門。至於倫理道德，除非已被法規所吸收者外，僅具有自願遵守的效果，沒有強制力量；如有違反，頂多受到清議與指責而已。兩者效果自不可同日而語。

要之，宗教為信仰之事，寄於教徒之恪守教誡；倫理道德為理性之事，存於個人之自覺自律。（梁漱溟，2012：101），二者雖然有相通之處，但相異之處顯然更大更多。如上所述 9 點，兩者在淵源、立基、憑藉、範圍、取向、儀式、訴求、發展與效果等方面明顯有別，吾人自應有所瞭解與掌握。

表 3-1　宗教與倫理道德的區別

比較基準	宗　教	倫理道德
淵源	較早	較晚
立基	超絕 神秘	切身 人際
憑藉	領袖 宣傳者 教義	教師 父母
範圍	三度空間	現實人生
取向	出世	入世
儀式	有、正式	無
訴求	永生、來世	現世
發展	國際化 地域性	地域性
效果	強而有力	較為薄弱

伍、法律與倫理道德的關係

　　任人皆知：法律與倫理道德是不一樣的概念，但也是互有關聯的規範，就像兩個相交的圓，有重疊，也有獨自存在的部分。兩者不只互補，也有互斥之處，彼此可謂存在密切而複雜的牽連與影響；都不只對每個人具有約束力，對國家社會也有相當的意義與功能。職是，法律與倫理道德兩者之間的關係當然值得一探究竟。

　　法，我國古字爲「灋」，刑也，平之如水，廌所以觸不直者去之。英美的 "law" 源自拉丁文 "jus" ，乃正或右的意思，表述正義或權利。我國古代將法視爲萬物之條理，而西方則認爲是正義的表現。（劉得寬，1990：3）目前既常見以「法」單字使用情形，亦常見與他字連用成一詞者，如法律、法規、法令、法源、法治、法制、法典、法定、法度、法則、法政、法統、法紀、法案、法學、法理等，其中使用特別多的是法律一詞。

　　如前所言，法律是指爲達成國家目的，而訴諸一套文字表述，並由國家賦予強制力量的社會規範；這是指廣義的法律，也就是法律體系或法律規範之意，包括憲法、法律、行政命令、自治規章等。然而狹義的法律，依憲法第 170 條規定，僅指由立法院通過，總統公布的法律，已將憲法、行政命令及自治規章排除在外。所謂倫理道德，是指爲使社會群居生活和諧有秩序，經由約定俗成、長久演化而來的社會規範，主要是指人與人之間、人與其他事物之間的正當關係。倫理與道德二者通常混用不分，併稱使用。

　　到底法律與倫理道德有什麼樣的關係呢？謹就相通、相異、矛盾、補充及價值等 5 點分述如下：

（一）具有相通之處

在法治社會中，法律與倫理道德都存在著價值、規範與秩序等不同表現形態。（王偉，2001：54）一言以蔽之，二者都是規範個人平時如何待人接物與處事，以使社會更好的抽象性規範；申而言之，二者均具有抽象性、規範性、社會性、層次性與目的性。所謂抽象性，是指形而上的、歸納的、化約的、統攝的原理原則，可以做爲準據。所謂規範性，是指一種要求、約束、限制或引導，具有強制力或影響力；做爲規範，必有普遍、公開、明確與適度的特質。（王偉，2001：104）所謂社會性，是指規範人的社會生活，通常是兩人以上如何互動的關係。所謂層次性，是指兩者各有低、中、高不同的層次，而多數法律規範通常是經由倫理道德的途徑而建構。所謂目的性，乃指兩者基本上是爲促進社會的和諧秩序，追求人類的公平正義而存在。正因法律與倫理道德在本質上具有相通之處，在外觀上難免也有不易辨識之處，所以二者密切複雜的關係不難瞭解。先賢有言：法律是最低限度的倫理道德，法律是具有強制力量的倫理道德。又說：法律以倫理道德爲內涵，倫理道德因法律而彰顯。大致上已說明兩者的共通處。

（二）存在相異之處

二者在性質、淵源、目的、功能、範圍、對象、效果與憑藉等方面，均有不同。就性質言之，法律較爲客觀明確，倫理道德較爲主觀，且充滿期待與願望。就淵源言之，我國現行法律主要繼受自歐美先進國家，但倫理道德則源自我國古聖先賢的優良文化傳統，一貫相承。就目的言之，法律以維持國家政治上的統治爲主要目的，倫理道德相對的只是單純的維繫社會生活、追求公平正義而已。就功能言之，法律是消極的爲維持最低社會標準而制定，倫理道德除消極的防弊外，更有積極的勸善意味。就範圍言之，法律主要規範公領域，兼及私生活；倫理道德則不分公私生活，均爲規範重心。就對象言之，法律原則上以全體國人爲適用對象，倫理道德

則有地域之別，並以規範相對的關係人為主。就效果言之，法律是具有強制性的規範，具有嚇阻性與懲罰性，效果明顯；倫理道德僅具自願性，全靠個人自我約束與自願遵守，效果較難彰顯。就憑藉言之，法律以國家力量為最高憑藉，而倫理道德唯一的憑藉只是社會輿論的清議與責問。正因為二者有這麼多的不同，所以法律是法律，倫理道德是倫理道德。

（三）出現矛盾之處

既然法律與倫理道德之性質、淵源有別，目的、功能不盡相同，範圍、對象不一，憑藉、效果亦不同，那麼重複之處必然存在，而矛盾亦在所難免。例如關於行政中立事項，植基於倫理道德上的人情因素與人際網絡，往往是法制上破壞行政中立的元凶。有關公務人員服務規範，傳統倫理道德強調不說三道四，要保守秘密，但現行法制卻在保守秘密的義務外，也要求舉發弊端。此外，在人事任免，倫理道德的要求是消極的「等」、「忍」，等待伯樂出現而大展長才，但現行法制卻暗示要適度的、積極的「爭」，要勇於表達，透過合法的管道表達意願。在其他一切，法律要求理性務實、秉公處理、一切依法，然而倫理道德卻無法排除私的情感因素，也因此在個案的執行過程中，難免出現因人而異的情形。類此種種，說明法律與倫理道德確有矛盾衝突的地方。

（四）互有補充之處

固然法律與倫理道德在某些部分，不無矛盾衝突，然而在多數場合卻是重複存在、互有補充的。這主要是因倫理道德乃內部規範，法律為外部規範；倫理道德重在規範人的內心，而法律則以規範人的外在行為為主；（劉得寬，1990：10）彼此可以相互配合之故。如只講求冷冰冰的制度與程序，勢必掩蓋有血有淚有感情的熱度，這便隱伏災難的種苗。（楊照，2010：191）就事項本質言之，亦不乏補充配合之情事，例如我國法制上要求服從長官

命令，倫理道德上要求「君君」、「臣臣」，要尊敬長者與賢者；法制上要求恪盡職責，不得擅離職守，倫理道德上要求忠於職務；法制上要求夫妻互負同居義務，不得遺棄對方，倫理道德上要求夫妻應恩愛相處、白頭偕老。法律固然保護夫妻，但法律出面時，事情已難挽回。（王邦雄，2010：33）所以夫妻維繫婚姻之道，除愛情外，修養、責任與倫理亦屬重要。這些均屬異曲同工，彼此可以互為配合及補充之處。正因為兩者大部分是處於相互配合及補充的情形，所以兩者並非是緊張的零和關係，而是以合作為主的雙贏關係。

（五）各有重要之處

在宗教信仰不很強烈的臺灣社會，法律與倫理道德可謂是維繫當前社會秩序的二大支柱，彼此各擅勝場，互見優劣，均具重要的功能價值。有人認為際此現代民主法治社會，僅強調法律、重視法治即已足夠，殊不知法律重在規範外在行為，以懲惡為主，假使沒有規範內心意識、強調勸善的倫理道德相配合，法律只是有欠缺的、大打折扣的規範。職是，晚近政府機關在強調「法律主治」、「依法行政」的同時，也積極倡導公務倫理；而過去學校教育只講倫理道德，現今也增加法治教育的課題，其目的就是要互為鞏固，使各自的價值功能更見發揮。

要之，法律與倫理道德本有不同，合法的不一定合乎道德，知法的不一定守法。因為守法是一種道德表現，而執法者公正與否，也是道德問題，而非法律；如只靠法律執行，而無倫理道德，必然成為一個警察國家。（林火旺，2010：170）然而兩者卻也存在千絲萬縷、綿密複雜的關係。既有共通之處，也有相異之處，少部分出現矛盾衝突，但多數地方互為補充配合，也都各自彰顯其重要價值。兩者各擅勝場，在矛盾衝突之處應依法而治，倫理道德隱身其後；在其他地方則各自發揮，互為補充配合。如同馬基維利（N. Machiaville）所言：如果道德要得到維持，就需要法律；如

果法律要得到遵守，也要靠道德。（黃丙喜等，2012：108）孫中山有云：不獨要求其根據法律行事，且勉其以道德立身。（黃奏勝，1981：94）我國先賢亦言：「法行則人從法，人行則法從人」，「以法治為主，以德治為輔」。果能如此，則社會的和諧秩序、人類的公平正義，已更進一步矣！

陸、法律與倫理道德的共通性

　　如前所述，法律、宗教與倫理道德俱是規範當前社會人心與行為的重要機制，三者皆有禁止為非的功能目的，也有維護秩序的功能價值。雖然宗教與倫理道德性質更為接近，更有鼓勵人心向善向上的意涵，不過在我國，宗教派別眾多，各有教義。所謂五大宗教，即指信眾人數最多的佛教、道教、基督教、天主教與回教；以佛教而言，又有北法鼓山、中中台禪寺、南佛光山、東慈濟等四大門派及其他宗派。所以儘管近年來各派宗教發展快速、影響力甚大；但總的來說，還是不如倫理道德的全面普及與深入人心。職是，有人認為倫理道德才能與法律規範分庭抗禮，甚至到達法律不及之境。

　　就日常生活言之，對於法律與倫理道德的選擇與遵行，雖然經常因人而異，不過大多數人還是先出現倫理道德的觀念，依據倫理道德的標準去做；如有不足，或有爭議，再依法律規定為之。亦有謂：知法是常識，守法是道德，懂法律不一定會守法；違法的人缺乏的是道德，而不是法律常識。（林火旺，2009：90）例如搭乘公車或捷運，坐一般座位而自願讓座，屬倫理道德，乃愛心表現；如明文規定博愛座必須讓位給老弱婦孺，則屬法令規範，必須遵守。正由於倫理道德更具有普及性，以及傳統上對倫理道德的重視，所以儘管欠缺國家強制力量作為後盾，倫理道德仍具有相當的影響力與不可抹滅的功能價值。

　　不能否認的，法律和語言、倫理道德一樣，都是民族的產物，是民族

共同確信的表現。法律不但是環境的產物，也是人類智慧的結晶，更是適應環境變化而不斷創造與修正的規則。但不管如何演變，現代意義的法律，其發生及存在的基礎，一定是正義意識；（林紀東，1992：5）乃最高的倫理道德標準。法律與倫理道德二者關係的密切，即不難理解。

　　如前所言，法律是指爲達成國家目的，而訴諸一套明確的文字表述，並賦予強制力量的社會規範；主要規範一個人的外在行爲，偏重懲惡。倫理道德是指爲使社會群居生活和諧有序，經有心人士的倡導與論述，形成多數共識，因而自願服膺的社會規範；主要規範一個人的內心思想，旨在勸善。儘管法律與倫理道德兩者在性質、淵源、目的、功能、範圍、效果與憑藉等方面均有或多或少的不同；兩者在某些地方也出現互相矛盾或互爲補充的情況；不過一些重要的倫理道德條目逐漸爲法律所吸收，成爲法律的一部分，因而衍生競合關係，則是不爭的事實。

　　職是，從法律與倫理道德某些部分可以競合的結果觀之，二者一定有共通之處。茲分述如次：

（一）抽象性

　　所謂抽象性，是指形而上的、歸納的、化約的、統攝的原理原則。法律與倫理道德均屬具有文字表述的抽象性規範，只是法律較爲客觀嚴謹，倫理道德較爲主觀模糊；兩者都透過社會事物的歸納與提昇，以簡約的文字加以表述，做爲社會大眾共同遵守的準繩。在實際運作中，如有不足或爭議之處，再以解釋或論述予以補充。顯然的，兩者均具有抽象性。

（二）規範性

　　所謂規範性，簡單的說就是規定。就社會面言之，是指足以約束、限制或要求相關人員服從與遵行的強制力或影響力；就個人面言之，是指可

以做為相關事物處理的一套準則。儘管法律是由國家強力制定，屬於強制性的規範，由不得我們不去遵守；倫理道德是由社會自然形成，屬於自願性的規範，個人可以選擇是否遵守，兩者來源與效力明顯有別。然而做為社會大眾待人處事接物的普遍性規範，卻也沒有不同。

（三）社會性

所謂社會性，是指兩個人以上的相處與互動，因而衍生的人際關係。由於每個人都不能獨處，必須生活在社會環境之中，所以不得不與他人發生各種關係；為確保社會的穩定與秩序，也因此不能沒有對人際往來的種種規範。不論法律或倫理道德，都是針對社會中的個人予以規範，把個人放在社會中看待，二者均有強烈的社會性。

（四）層次性

所謂層次性，是指在內容體系開展的過程中，可以分為低中高等不同的層次；通常出現在內容體系龐大，但有條理邏輯的論述之中。不論法律或倫理道德，其內容體系都很龐大，除規範本身外，經由學者論述或有權機關解釋等手段，益使其更見龐大；但為便於運作及遵行，兩者在難易、先後、繁簡、高低等方面均各自開展其寬嚴不一的層次性。兩者均藉由一層一層的開展，達到其所欲達成的目的。這從各級學校深淺不等的同科目教材舖陳中，不難理解。

（五）目的性

所謂目的性，是指某一事物或體系的建構，有其欲指向的要求或目標。大凡人為的制度設計，均有其欲達成的目的存在，只是有的容易達到，有的較難達到而已。不論法律或倫理道德，均具有促進社會和諧秩序，追求人類公平正義的共同目的；只是法律偏重外力達成，倫理道德較重內省

功夫。但兩者皆具目的性，其實沒有不同。

總而言之，法律與倫理道德二者雖然在本質與外觀上有許多明顯的不同；然而若就二者所具之屬性深入探討，卻又不難發現在抽象性、社會性、規範性、層次性與目的性等五方面，不但極為近似，且有共通之處，致使兩者關係呈現千絲萬縷、複雜綿密的關係。

柒、法律與倫理道德的分際

眾所皆知，法律與倫理道德均是規範社會大眾的重要機制，不過兩者卻有不一樣的核心概念與約束效力，最後所形成的運作機制也有很大的不同。也許出於無心或不知，或許是有意混淆，最近有些政治議題的爭議，例如墮胎應否合法化、賭博、通姦、性交易應否除罪化等，顯然是因分不清楚法律與倫理道德的分際所引起，不無值得討論之處。

法律是個具體的概念，如上所言，是指透過國家權力，以文字明確規定，而具有強制效力的社會規範；通常包括一套靜止的憲法、法律與行政命令等不同位階建構而成的法律體系；主要規範一個人的外在行為。為確保法律效果的達成，乃設置不同的國家機關分頭執行法律規定。倫理道德則是較為抽象的概念，通常是指人類在群居生活中，為使彼此之間生活與互動更為和諧與有秩序，經由有心人士倡導，而建立起來的一套眾所公認、自願服膺的社會規範；主要規範一個人的思想與態度，通常欠缺明確的文字論述與客觀標準，除個人良心與社會清議外，並無足夠的約束與制裁力量足以確保其實踐。

就法律形式言之，法有習慣法與制定法之別。習慣法（customary law）乃在社會大眾生活實踐中，無意識的、自然產生的法。（劉得寬，1990：18）習慣法與自然法有密切關係，通常為不成文法國家的主要法律形式，亦為

成文法國家制定法的主要法源之一。所謂自然法（natural law）乃斯多噶學派所提出，認爲人類社會係由一套不可改變的律法控制，可以被人類理智所認知。（林嘉誠等，1990：233）近世的自然法，屬理性的自然法。制定法（positive law）亦稱實定法，或實證法，乃由國家立法機關所制定，並以實力執行之法。我國法律的主要形式係制定法，但在私法領域，也有一些習慣法存在。

就法律體系言之，憲法是萬法之法、眾法之母，位階最高，效力也最強。在憲法之下，分別有刑事法律、民事法律與行政法律三大體系，復因實體法與程序法的區隔，因而產生刑事實體法、刑事程序法、民事實體法、民事程序法、行政實體法、行政程序法等六種法律類別。刑事實體法是以刑法爲主，規定人民何種行爲爲犯罪及應科處何種刑罰的法律；刑事程序法是以刑事訴訟法爲主，規定如何對疑似犯罪者起訴、審判與執行的法律；民事實體法是以民法爲主，規定人民之間私權利與義務的法律；民事程序法是以民事訴訟法爲主，規定人民權利義務發生爭議時，如何以審判、仲裁、調解、強制執行等手段，解決紛爭及確保權益的法律；行政實體法是規範各種行政事項，及人民可以享有的公權利與應負的公義務；行政程序法是規範人民在行政上的公權利與公義務如何行使的法律，惟在實務上，行政實體法與行政程序法並未嚴格予以區分，一部行政法律所規定的條文，往往同時包括實體與程序。正因爲這樣的區分概念，遂形成坊間將全部法律類分爲「六法」—即憲法、民法、民事訴訟法、刑法、刑事訴訟法與行政法的普遍認知，促成「六法全書」的誕生。此六法全書的形式乃我國及日本所特有，在歐美可謂沒有。（劉得寬，1990：23）

就法律性質論之，刑法與民法是截然不同的法律。在刑法，乃個人行爲侵害國家法益或社會及他人的重大法益，惡行重大，因此國家公權力積極主動的介入，違法者也將受到嚴厲的制裁。在民法，因採「私法自治」原則，國家高度尊重私人互動，在個人行爲侵害他人法益時，國家始應當

事人請求而被動的介入,基本上違反義務者只有賠償問題而沒有處罰問題。至於行政法,通常涵攝高度政策目的,與刑法一樣,均屬公法領域,惟其法律龐雜繁多,成長甚快,其屬性大致介於刑法與民法兩者之間,對於違法者之處罰,通常施予行政處罰,也可要求賠償,其程度不若刑法嚴重,卻高於民法。但因行政刑罰的出現,某些違反行政法上義務的行為一旦入罪化,即科以刑罰,在程度上已等同刑事處罰。

倫理道德可謂是傳統文化習俗累積下來的價值觀,在我國可謂是儒家孔孟德治思想的總匯與發揚,內容繁多且極其龐雜,規範抽象且語焉不詳,甚且有因人而異的情形,諸如孔子在答覆弟子相同問題時有不同的答案,實屬平常。倫理道德雖然可依人與人,或人與物之間的關係而概分為倫理與道德兩大領域,不過其分際卻是模糊不清的,所以通常也不刻意加以區分。倫理道德的觸角深入每個人生活的所有角落,不論公領域或私生活,舉凡思想觀念、行為舉止、生活習慣、工作態度、人際交往等,無不包括在內。其涵蓋面雖廣,卻因只是社會共識與個人自願性的遵守,並沒有國家強制力量的介入,所以除非已被法律吸收,且以法條明文加以規定,否則縱使違反倫道德的相關德目,頂多只是被社會大眾批評,以及被要求負起應盡的義務而已,並不會被國家權力制裁,亦無被要求賠償的問題。

由上所述,可知法律與倫理道德顯然是不同的,法律主要規範一個人的外在行為,因國家力量介入,對於違反法律者亦科以處罰。其中刑法規定項目較少,標準最低,但違反之後果最為嚴重,所以處罰也最重;民法規定較寬,基本上取決於兩造合意,只要不違背公序良俗即可,國家只應人民請求,在有爭議時始予介入,基本上沒有處罰問題,只有賠償問題;至於行政法則介於兩者之間,就個別行政事項予以規範,通常亦有高度政策目的,所定標準可以較高,但處罰則較輕微。一般未被法律所吸收的倫理道德,雖具有普遍性,惟多數德目之標準均高於法律規定,例如撿拾物件應無條件歸還原物主等之道德要求,其標準遠較民法第 805 條「得請求

其物價值十分之三報酬」之規定更為嚴格，不過因無國家力量介入，故只有社會清議與個人良心譴責而已，根本沒有處罰或賠償的問題。

由是觀之，刑法係國家公權力強力介入之作為，故應擇重要者而規定之，其標準應低，但處罰應重，以免成為嚴刑峻法的國家，傷及基本人權，同時也可以確保法的威信與執法能力。民法雖廣及人與人之間的各種互動往來，對於各種可能發生的情況均應預先設想及規範，具有普及性，但只是有關人民在社會生活方面的私權利與私義務而已，基本上不涉國家體制與公權力，其規定標準亦不應太高，在標準之上充分尊重雙方當事人的意願，並明確規定違反義務者之爭議處理方式、應負擔之責任等，庶幾不影響人民權利之行使，且維持法秩序的進行。行政法亦屬公權力之介入，故規定標準可以較高，但處罰應較刑法為輕，至於賠償則視其輕重，並非一定得高於民法不可。倫理道德深入人類活動的每個角落，雖有大致的共識，但沒有客觀具體的明確標準，不過其標準通常高於各種法律規定，除社會清議與個人良心譴責外，可謂沒有任何有形的處罰或制裁。

職是之故，享有一定權力的政治人物不但要瞭解刑法、民法與行政法三類法律不同的屬性，更應瞭解法律與倫理道德的區別與分際。縱有滿腔理想與抱負，亦應先從倫理道德的層面著手，透過宣導手段，逐漸形成氛圍與凝聚共識，而非逕恃其權力，透過法律規定強迫他人接受；在法律公布施行後，亦應廣為宣導、輔導與勸導，不能因為行政處罰較輕，不易見到成效，即修法改以刑罰侍候。若能如此，法律才不會與社會大眾脫節，也不必擔心因多數人不遵守，反而損及法律的權威，進而傷及政府的威信。

總之，「有社會之處必有法」，法律固然無所不在；但「法律不外人情」，法律規定不應脫離常民生活與人情義理；又「法律是最低限度的倫理道德」，法律規定的標準應該低於倫理道德的要求，其中刑法與民法的標準可以更低，行政法的標準則可稍高；而「法不罰眾」，法律規定如窒礙難行，社會大眾違法者達一定比例以上，勢將難以有效執行及予以處罰。有

權力者推動一項政策時，在工具與手段的選擇，務必先瞭解法律與倫理道德的分際，以及不同種類法律的基本屬性。

捌、法律與倫理道德的區別

法律與倫理道德俱是維持當前社會體制的重要支柱，沒有法律與倫理道德，國將不國，社會也將失序。法律與倫理道德的重要性，其實毋庸多言。

自古迄今，法律與倫理道德的關係及其區別，始終議論紛紛，莫衷一是。有謂兩者之本質相同，關係密切，但其他多數則有所不同。不同之處主要集中於下述四方面的比較：1.法律只問行為，不問動機；倫理道德不但要求行為正當，而且要動機純正。2.法律偏重他人的義務，倫理道德偏重對自己的義務。3.法律著重權利的規定，倫理道德著重義務的規範。4.法律是國家的命令，具有強制的力量；倫理道德只是社會生活的規範，沒有強制的力量。（林紀東，1992：175）

如前所言，法律是指為達成國家目的，而訴諸一套文字表述，並由國家賦予強制力量的社會規範；由現代人所制定，亦約束現代人的行為舉止。倫理道德，則是為使社會生活和諧有秩序，經由先賢前人約定俗成、長久演化而來，而眾人亦自願遵行的一套社會規範，源自於歷史文化，但沿用至現代生活。若從「法律是最低限度的倫理道德」，「法律是具有強制力量的倫理道德」的角度觀之，顯而易見的，法律與倫理道德雖有相通之處，但兩者其實有所不同。若進一步深入探究，兩者區別確實甚大，顯然不只前述四方面而已。

就一般通說言之，法律與倫理道德的區別主要表現在下列 8 點：（如表 3-2）

（一）性質不同

　　法律與倫理道德均屬抽象性的規範，亦有文字表述。惟法律較爲客觀，界限較爲明確，文字敘述多且邏輯結構嚴謹，法條之間或法律之間的配合度較高，通常不會有牴觸或衝突的情形發生。然而倫理道德卻較爲主觀，文字敘述少且充滿期待與願望，界限較爲模糊，而彼此之間亦常有矛盾衝突或不盡配合之處，如何審酌採擇，全憑個人內心的一把尺去衡量與判斷。誠如孟德斯鳩（B. D. Montesqueau）所言：蓋法律者，有其立之，而民守之者也；禮俗者，無其立之，而民成之者也。禮俗起於同風，法律本於定制。（梁漱溟，1982：120）蔣中正亦云：倫理與法制的不同，就是倫理乃從人類本性以啓發其自覺心，法制代表國家公共權力，帶著強制性；倫理的教義比法制更積極、更自然，亦更能深入人心。（黃奏勝，1981：93）就性質言之，法律具有客觀性，倫理道德具有主觀性，兩者明顯不同。

（二）淵源不同

　　我國早在春秋戰國時期即有法家思想，歷代亦不乏法律典籍出現的朝代，例如漢律、唐律、明律、清律等，這對於歷代帝王統治均不無貢獻，然而當前我國所適用的法律頗多受到歐美的影響，早期直接學自日本，間接繼受自以德國爲主的歐陸國家，晚近則有許多美國的影子，可以說現行法律的淵源主要來自歐美；且經歷一個「儒學化」的過程，才確立下來。（金耀基，1992：3）。至於倫理道德思想，經儒家孔孟諸子的發揚益見光大，歷代帝王亦頗多尊崇儒道者，雖因統治需要，可能有所調整，但始終綿延不輟，以迄至今。因此可以斷言，當前倫理道德的內涵主要源自於我國固有傳統。法律與倫理道德的淵源，顯然有別。

（三）目的不同

　　倫理道德上的義務是自課的，義務只是義務而已；但法律上的義務是

集體加之於我的，其義務恆與權利相對待。（梁漱溟，1987：250）法律既是國家機器的產物、政策合法化的最後型態，其主要目的當在維持國家統治，故凡為統治之必要者，經國會討論通過後，皆可能制定成為法律。而倫理道德則是歷史文化的產物、社會人心的共識，其主要目的是維繫社會的穩定與有秩序的運作，非為政治，卻不一定能完全撇開政治。法律與倫理道德的目的，自有差異。

（四）功能不同

從功能論言之，功能雖有正功能、反功能與無功能之別，但一般均指正功能而已。大致言之，法律的功能旨在消極的防弊，為防止可能發生的弊端而制定，並非為興利而來，故有為者不能只以守法為已足，而應以更高的標準自我期許。倫理道德除防弊外，更有積極的勸善意味，透過玄學論辯過程，鼓勵大眾主動行善。有人說法律是一種硬約束；道德是一種軟約束；（何懷宏，2002：48）不無道理。可知兩者在功能方面顯然有所不同。

（五）範圍不同

「有社會之處必有法」、「人之所在，道之所存」，這二句俗諺十足說明法律與倫理道德的涵蓋面均甚為廣泛，且尚有不斷擴張的趨勢，不過兩者仍略有不同。大體言之，法律均以具體文字加以列舉或概括，凡法律無規定者均為眾人可自由行走的空間；然而倫理道德卻是抽象的、籠統的、沒有明確範圍卻又無所不在的，重點不在有無文字敘述，而在個人內心的一把尺。因為再好的法律都無法將複雜的人間變數全都納入考量；再周延的規定，都會碰到曖昧灰色的例外。（楊照，2010：186）此外，受「法不入家門」的傳統法學觀念影響，基本上法律對於個人私生活的干預，是以最小的必要為原則；但倫理道德的規範範圍，雖也包括公的領域，卻以私生活為重心，兩者也明顯有別。

（六）對象不同

　　法律與倫理道德均具有普世價值，不過兩者普及程度廣狹有別。法律主要規範人的行為，不因對象之貧富愚智或疏熟而異，除特別法有限制特定地區或特定人員適用者外，原則上全體國人均適用之。倫理道德則以規範相對應關係的人為主，以關係之親疏遠近而定其程度，且有地域之別，因各地風俗習慣之不同而有項目或程度之差異。法律與倫理道德的規範對象，明顯略有不同。

（七）效果不同

　　眾所皆知，法律的力量所以較倫理道德大，其具國家強制力的背景，乃為主因。（林紀東，1992：3）法律與倫理道德對於個人的約束效果不同，法律因有國家強制力的介入，所以具有權威性、嚇阻性與懲罰性。其規範力來自政府明文規定，「移送法辦」有其效果，其道理即在於此；惟其效果僅及於一時與外部，既不能約束一個人的內心，也無法保證長久有效。至於倫理道德則不具強制拘束力量，全憑個人自我約束與自願遵守，因此其效果並不明顯，然而一旦內化為個人願意服膺的理念價值，則會有長久的、不易變更的效果。

（八）憑藉不同

　　法律既是國家的產物，國家就是法律的憑藉，立法機關職司立法，行政機關負責執法，司法機關作最後的仲裁，有一套完整的機制督促人民知法守法，並藉由公權力對違法者進行追究與處罰。然而未為法律所吸收的倫理道德並無有力的憑藉，除個人的良心與意願外，唯一能憑藉的就是社會輿論的制約，如個人毫不在乎輿論的清議，倫理道德可謂毫無辦法。顯然的，兩者憑藉並不相同。

　　要之，法律與倫理道德兩者之性質、淵源不同，連帶的在目的、功能、範圍、對象、效果與憑藉等方面也有區別。兩者雖同為支持當前社會體制的重要支柱，但各有所偏，也各有其侷限性。惟有兩者相互配合，始克截長補短、相輔相成，共臻國家社會於和諧、進步與有秩序之境界。

表 3-2　法律與倫理道德的區別

比較基準	法　　律	倫理道德
性　　質	客　　觀	主　　觀
淵　　源	歐美傳入	我國固有
目　　的	國家統治	社會穩定
功　　能	懲罰防弊	積極勸善
範　　圍	偏重公領域	偏重私生活
對　　象	全體國人	因人而異
效　　果	強制力量	自我約束
憑　　藉	國家武力	社會輿論

玖、倫理道德的基本特性

　　倫理道德是我國固有傳統文化的一部分，始自周公制禮作樂。在漢武帝罷黜百家、獨尊儒術之後，一套以孔孟儒家思想為主的倫理道德體系漸次形成，歷代雖有遞嬗變遷，但其主要德目卻未有太大變化；二千多年來，始終廣為眾人普遍遵循。迨民國成立，改封建專制為民主共和；政府播遷來臺，之後解除戒嚴體制，一切均應以法為本，依法治國。在法律體系建構及確立人民有守法義務後，固然應以法律規範為主，不過如有法律不及之處、灰色地帶，或法律授權裁處的情況，倫理道德仍有其相當重要的地位。因此孫中山勉勵我們「不獨要求其根據法律行事，且勉其以道德立身」。

（黃奏勝，1981：94）

我國倫理道德的德目甚多，但字數均甚簡約。較常被提及的有：四維—禮、義、廉、恥，八德—忠、孝、仁、愛、信、義、和、平，三達德—智、仁、勇，五倫—父子有親、君臣有義、夫婦有別、長幼有序、朋友有信，五守—守法、守信、守密、守時、守分。雖然這些德目的解讀各有不同，每個人的踐履程度也不相同，然而指出全民共同遵循的方向，促進社會朝向和諧有序、穩定進步的目標邁進，其功能與價值則是無庸置疑的。大致言之，倫理道德所表現的精神是人本的、現世的、實踐的、和平的、非功利的。（P. H. Douglas，1972：48）倫理道德所追求的使命，一為人類生命的至善理想，二是達成至善理想的行為規範。（黃奏勝，1982：35）

綜論我國倫理道德的德目，如分從不同角度觀之，其特性約可歸納為如下 6 點：

（一）就過程言之，可謂長期演進，約定俗成

倫理道德是先民長期生活經驗的結晶，也是人際互動的歸納，是一代一代傳承下來的無形寶物。歷朝歷代的倫理道德內涵與重心或多或少都有改變，其改變雖有鴻學大儒或地方仕紳的倡導與薰陶，但都沒有任何的壓迫或強制，完全是基於個人意願與社會公意而維繫，而流傳。因此，倫理道德可說是經由長期演進，大家約定俗成，自然而然形成的智慧結晶。

（二）就本質言之，可謂抽象規範，親疏有別

倫理道德的德目，所用字數均甚為精簡，係屬十分抽象的社會規範。雖然明確指出方向，但個人解讀與實踐卻大有不同；且因人際之親疏遠近，難免因人而異，也有等差之別。故可以說倫理道德的本質，就是親疏有別的抽象規範。

（三）就內涵言之，可謂社會共識，各自信守

　　倫理道德的內涵十分廣泛，範圍無邊無際，遠遠超越法律的界限。不論那一倫理道德的德目，均無強制力，卻是大家所認可與願意遵守的規範；儘管每個人的價值觀可能有很大的歧異，只要願意遵守倫理道德規範，不論實踐情形如何，即可統合在一個共同社會之下生活。如果說倫理道德是各自信守的社會共識，或最大公約數，當不為過。

（四）就重心言之，可謂以心為主，重視私域

　　倫理道德的要求是從內心到行為，從動機經過程到結果，可謂全面涵括、無所不包。不過其中最重視的是內心的要求，在內心深處，在尚未顯現之際，即予以規範，故要慎獨，要正心，要修身；此與只看結果，只重外表的法律，明顯有別。又法律主要規範社會大眾的公共生活，在此一領域，倫理道德基本上讓位給法律；然而在私領域空間，基於對人權的尊重與保障，政府公權力與法律原則不介入，倫理道德的適用空間相對較大。顯然的，倫理道德是從心的規範開始，以私領域的規範為主。

（五）就適用言之，可謂欠缺標準，不夠客觀

　　不同的倫有不同的理，（王邦雄，2010：33）人際對待方式隨之而異。倫理道德的內涵主要是層次很高的德目，其下的論述與實踐則各自解讀與遵行，甚至各依立場、各取所需，所以儘管大原則的差異不大，但在實踐的小細節方面即各有不同。很明顯的，因為倫理道德欠缺足夠的文字描述，也欠缺操作性的定義與工具，所以不夠客觀，欠缺標準，在適用上即易陷入各自為政的窘境。

（六）就效力言之，可謂沒有強制，不能處罰

倫理道德既是社會大眾約定俗成、長期演進的產物，而非經由國家機關依法制定，也沒有國家機關的合法武力作為憑藉，所以除已被法律吸收者外，既不能強制人民遵守，也不能對違反者施予制裁或處罰。其所憑藉者僅有一己良心與社會清議而已，其效力自屬薄弱。

要之，倫理道德乃為使社會大眾群居生活和諧有序，經由約定俗成、長久演化而來的社會規範，既不同於法律，也與宗教有別。倫理道德之所以為倫理道德，自有其特殊之處，如上所述 6 點即是。

拾、倫理道德的困境

倫理道德是社會的人情事理，是眾人約定俗成的共識，攸關每個人的生活態度、行為準則，以及與周遭人、事、物的應對相處。因此，我們不但在小學階段要上生活與倫理課程，國中階段要上公民與道德課程，高中階段要上公民與社會課程，到大學階段還得上與人文素養有關的通識課程；在家庭，強調親情倫理；在政府機關，強調公務倫理；在私部門，強調企業文化與企業倫理；在社會，則有李國鼎重視群己關係的第六倫，即社會倫理的呼籲。倫理道德之能與法律、宗教三足鼎立，成為維繫社會體制的三個重要支柱之一，顯然有其堅強的理由。

倫理道德是個籠統的泛稱，可以分成倫理與道德兩個領域，也可以僅指涉一個概念；相關名詞尚有美德、品德、品操、品行、德行、公義等。一般言之，倫理與道德通常不嚴格區分，均指涉一個概念，但有的僅用倫理稱之，有的只用道德涵蓋，主要偏向社會的規範。至於美德、品德、品操、德行等詞，主要從個人擁有的特質或條件出發；公義則是倫理道德內涵中最重要的德目，也是人類社會的終極目標。

　　倫理道德泛指社會上大多數人如何與周遭的人、事、物應對相處的道理，包括自己、親人、朋友、陌生人、動物、物品、大地環境等。雖然每個人的價值觀不同，對於倫理道德德目的解讀與細項的實踐各有不同，但那只是大同之中的小異而已。倫理道德之所以能長久流傳、廣泛普遍的適用，說明倫理道德的德目與重要內涵仍是社會大眾的共識，是社會人心的最大公約數。只有遵守倫理道德的規範，才能使自己心安理得，免於他人的指指點點與說三道四，讓自己順利的安置在社會上的適當位置與角色，也為自己獲致最大的利益。

　　如上所述，每個人都應遵循倫理道德的規範，追求倫理道德的價值。不過在實際上，倫理道德因為存在一些本質上的問題，以致在發展上面臨困境，無法像法律一樣，成為現代人最重要的規範。茲分述如下：

（一）人情本位

　　倫理道德的根源是情，包括親情、愛情、友情、人情等，既然是情，就有以自己為核心的親疏遠近之別，與我有密切關係者，互動來往也較為頻繁，所以對他較好，也會刻意幫他，反之則不然。這種以人情本位為主的社會關係，導致裙帶關係的盛行，古代的外戚、朋黨，現在的「○○幫」，均是立基於此的發展結果。這對於現代社會的建立，其實是不利的。

（二）語意不清

　　倫理道德的德目均甚為簡約，十分抽象，雖指出方向與目標，但也因上層過於簡約抽象，中下層的說明與論述不足，且各自解讀，以致陷入不夠客觀明確，難以建立標準的困境。這種語意不夠清楚的情形，始終困擾著倫理道德的發展。

（三）過於高調

倫理道德固然重在實踐，實踐的基礎在誠，在力行，勉勵吾人應表裡如一、言行一致、知行合一、即知即行；但因這些德目本身是一種理想，一組追求的目標，雖然敦促大家往好的方向走，也可因人因時因地而設定不同的程度，所以本就不易達到一致標準。一旦達到，也因「止於至善」的要求，必須再追求更高的標準，以致於陷入一輩子難以放鬆、毫無喘息的追求之中，很累，也會很辛苦。

（四）矛盾難解

雖然倫理道德在規範層次大致上沒有矛盾之處，然而在實踐上卻難免有所爭執與衝突，但除「忠孝不能兩全，故移孝作忠」等少數情形外，多數卻沒有提供解答，只能靠個人自行處理。例如兄弟之情與朋友之誼的輕重與取捨、保守秘密與揭發弊端的平衡等。因未能建立一套類如法律處理矛盾的機制，即藉由「後法優於前法」、「特別法優於普通法」、「實體從舊、程序從新」等原則化解不同法律之間可能的競合與衝突，亦是倫理道德先天上的困境之一。

（五）欠缺制裁

倫理道德雖全面規範人的內心動機與外部行為表現，但主要還是在內心，藉由良心的喚起而約束人的行為。不過也因為只有良心的約束，頂多加上社會的清議，所以欠缺足夠的拘束與制裁力量，對於違反者只能勸導改善而已，並無任何處罰的機制。這也就是說，倫理道德只有社會的影響力，並無政治上的權力。

總而言之，倫理道德的規範與實踐，是人類邁向文明社會的重要指標，每個人都應極力奉行，信守不渝。誠如康德所言：人之所以為人，人之所

以具有尊嚴和價值，最主要的原因就是人能從事道德行為。（林火旺，2009：80）惟因倫理道德在本質上存在上述五個困境，所以儘管從過去到現在，倫理道德已開展相當良好的局面，然而在未來的發展，仍將免不了有所侷限。

第四章　公務倫理

壹、公務倫理的概念

　　前言之，倫是指類別、區別；理是指紋理、條理。所謂倫理，原指事物的類別與條理，其後引伸為人與人之間如何應對相處的道理，且更進一步專指人際之間應對相處的道理。長久以來，倫理總是與道德併稱為倫理道德，泛指人對己、人與人、人對其他事物應該遵循的態度取向與行為準則。自古至今，倫理道德始終是支配我國社會人心的最主要規範，即使晚近民主法治勃然興起之後，倫理道德仍然佔有相當重要的一席地位。

　　所謂公務倫理，顧名思義，乃是與公務執行有關的倫理規範。易言之，是指攸關公眾生活、公共利益的人際行為規範；也就是公務員如何與周遭長官、同仁、部屬、民意代表、社會大眾應對相處的人際道理；甚且包括與其自己，或人以外一切事物的態度及作為。在現代社會，公務員的行為舉止雖然主要是以法律加以規範，再以行政命令或長官指示予以填充。然而法規制度終究只像盆子裡的石頭、人體的骨骼支架、社會秩序的主架，不論怎麼綿密周妥，總有規範不到或不周不妥之處。「法律並非萬能」、「法律有時而窮」、「法律不外人情」、「法律不入家門」、「法律只能規範外部行為」、「法律只是最低限度的倫理道德」、「法條有限，人事無窮」等俗諺，充分說明在法律規定之外，公務員的行為舉止仍得仰仗公務倫理的約束。

　　公務倫理是現代倫理道德的一部分，植基於傳統倫理道德，惟應將傳統倫理道德屬於家庭親情及不適合現代的部分予以剔除；並融合加入西方的道德哲學思想，斯即公務倫理的全貌。例如：傳統五倫中的父子、夫婦、

兄弟關係，均屬親情，君臣關係已屬封建過時觀念，均應排除在外。凡此之外，所有的倫理德目均是公務倫理的範疇，其內涵與範圍雖不若一般親情倫理之深化與廣化，卻也具有相當的普遍性；且因適用對象之不同，也可做不同的分類。

　　大致言之，公務倫理可分為行政倫理、政治倫理、議會倫理與司法倫理4個區塊；有的也將軍中倫理、校園倫理包括在內。（如圖1-3）行政倫理，泛指政府機關一般行政人員應遵循的倫理規範；政治倫理乃指民選政府首長與政務人員應遵循的倫理規範；議會倫理乃指各級民意代表問政時應遵循的倫理規範；司法倫理指司法人員應遵循的倫理規範；軍中倫理指在軍事單位服役的軍人應遵循的倫理規範；校園倫理則指學校校長、教師、職工與學生彼此之間應遵循的倫理規範。因為適用對象的來源背景、工作性質與主要接觸人員的不同，這6種倫理規範或多或少皆有不同。茲分述如下：

（一）行政倫理

　　這是指國家公務人員的行政倫理意識、行政倫理活動及行政倫理規範現象的總和。（王偉，2001：65），可謂是公務倫理的主要部分，存在於政府機關高中低階不同職務性質的公務人員之間；復可分為公共政策倫理、行政決定倫理與個人倫理行為等三層次。（海潤富，1987：123；蕭武桐，1991：49）。這不只因為政府機關行政人員人數最多，復因為直接治理或服務民眾的緣故，與社會大眾接觸的機會也最多。在層級節制體系的金字塔結構中，行政倫理特別強調上下位階、尊敬長官、體制穩定、忠誠與中立、行止有序、組織和諧、照顧部屬等概念，這些其實都是公務倫理的核心概念。正因為如此，有人甚至將公務倫理化約為行政倫理，或等同於行政倫理。

（二）政治倫理

此即政府高層政治人物之間的倫理規範，主要是指民選首長、政務人員彼此之間互動，與民意代表、所屬行政人員、朝野政黨人士、新聞媒體及社會大眾互動時應有的行為分際。政治倫理係建立在民意的實力與職務的權力之上，強調的是選票至上、合法爭奪執政權、黨同伐異、政策遂行、政治考量、政治輩份資歷等。雖然政治倫理在公務倫理中所佔比例極微，但因適用於做成決策或參與做成決策之政府高層人士，所做所為均影響國家社會甚大，其重要性自不能忽略。

（三）議會倫理

此乃各級民意代表在議會問政時應有的行為分際，在中央民意代表機關，一般稱為國會倫理；但在地方各級民意代表機關，不論直轄市、縣（市）議會，或鄉、鎮、縣轄市民代表會，仍以議會倫理名之。在議會倫理，一般強調的是議員之間的相互禮讓與尊重，通常係依資歷深淺、年齡大小、男女性別、到場先後等項論之。其實，議員對列席備詢官員、議事幕僚人員、黨團及其研究室助理、國會（府會）聯絡人、新聞媒體及前來陳情或遊說的民間團體、一般社會民眾的行為和態度，也是值得重視的課題。

（四）司法倫理

此係司法人員之間，或與其他人員互動的倫理規範，由於司法機關係以法官獨立審判為主，故形成以審判為中心的倫理文化。法官倫理規範可分為期待性規範與懲戒性規範。（莊秋桃，2012：35）法官及其他所有人員皆為處理或支援審判而存在，迥異於一般行政機關以團隊或首長為主的模式，也不同於各級議會以合議為主的模式。有謂立法者是未來人，行政者是現代人，法官是過去人；（莊秋桃，2012：23）亦道出三者之不同。司法

人員在職責上，自有一套尊重期別、只寫不說、尊重主審、嚴禁干涉或關說等的倫理文化，與一般公務倫理不同；但在公務員身分上，一樣必需遵行對國家忠誠、對政治保持中立、對承辦業務保守秘密、注意言行品德等倫理義務。

（五）軍中倫理

此係指在軍事機關或部隊服役的軍人，基於職務、階級與期別之不同，彼此之間應有的行為分際。基於保衛國家的任務要求，軍人特別強調紀律、服從、不怕難、不怕死的信念，其倫理要求與一般公教人員自有些許區別。

（六）校園倫理

此乃學校中的校長、教師、職工與學生之間彼此互動時的行為分際。由於學校以教學為主，故校園倫理以師生關係為主軸。不過教師之間、同學之間的情誼與關係，也因為朝夕相處，共同學習而具有兄弟姐妹般的特殊情感，古人所說「四同」人際關係中，最重要的兩種就是同事關係、同學關係，其重要性不難想見。

綜上述之，倫理是以人為本，講的是人我關係或群己關係，是社會緩慢取得共識後而逐漸形成的規範，不同於法律係透過國家體制與力量建立起來的規範。公務倫理既係公務員在執行職務而與他人互動時的倫理規範，則排除私情與過時之德目，原則上傳統倫理道德均有其適用性，其範圍自屬廣泛，大致可分為上述 6 個區塊。在法律規範之下，如能強調與重視公務倫理，相信必能發揮彌補法令規範不足、增進人際關係和諧、協助機關推動業務、維護組織體制安定等正面功能。

貳、公務倫理的本質

　　倫理根源於情，是指人際之間如何應對相處的道理，通常與道德並稱為倫理道德。自古以來，一直是規範我國社會人心與行為分際的主要憑藉之一；晚近，在強調與重視全國人民皆應知法守法之際，也興起一股遵守倫理道德規範的熱潮。公務倫理的倡導與重視，便在這一背景之下應運而生。

　　所謂公務倫理，或稱公務員服務倫理、公務員專業倫理、公務員職業倫理；係指公務員在執行職務或日常生活中應如何與周遭的長官、同事、部屬、相關人員，以及一般民眾應對相處的人際道理；屬倫理道德的一部分，也是現代倫理之一環。公務員執行公務雖以依法行政為最高守則，但在合法範圍之內以及日常行為舉止等無涉法律規定的事項，則應以公務倫理為遵循準則，乃能合法又妥適的做好事情，從而提升政府機關的正面形象，贏得人民之肯定與信賴。

　　公務倫理既然如此重要，也受到如是重視，其本質自然亦值得吾人特別關注。因其來源與組成不同於其他，故公務倫理必然有其特殊的本質。大致言之，公務倫理的本質可歸納為下述 6 項：

（一）與法律規範不同

　　法律有具體的文字描述，較為客觀明確，規定的標準尺度較低，只以外在的行為與結果作為論斷的依據，一旦違犯，必然受到國家公權力的制裁。惟公務倫理，除已被法律所吸收，即已法制化者，其與一般法律規範已無差異外，多數較為抽象空泛，雖有文字描述，卻甚為簡約，有時就會陷入個人解讀各有不同的困境；公務倫理所強調的是內心動機與行為過程，要求標準稍高，不過如有違反，頂多只是受到良心譴責、輿論批評與

社會議論而已，並不會受到國家公權力的制裁。

（二）與公共利益有關

　　傳統倫理道德的內涵至多至廣，不過主要是以五倫關係—「君臣、父子、夫婦、兄弟、朋友」做為基礎，予以開展，在五倫關係中僅有過時的君臣關係及一半的朋友關係，即因公的職務往來而建立的人際關係，係與公領域有關；其他三個半的倫理德目均屬私的範圍，故傳統倫理道德可謂偏向私領域、私關係的規範。惟公務員職權之行使乃公領域範圍，攸關公權力的貫徹、公資源的分配與公利益的享有，公務倫理規範顯然偏於現代公共事務，自與公眾生活、公共利益密切相關。

（三）與專業行規相似

　　每一種職業皆根據其不同的職業屬性而發展出個別的要求規範，所謂「行有行規」、「盜亦有道」是也。此一要求規範，重要者以職業法加以規範，如律師法、醫師法，並以行政命令加以補充規定；而廣泛的次要部分，則內化為各職業倫理的內容，為各該職業的人員所共同遵循，例如律師倫理、醫師倫理即是。公務倫理其實就是公務員的專業行規，與其他職業人員的行規，在屬性上並無不同。

（四）與道德良知契合

　　傳統倫理道德既然欠缺強制力的規範與制裁，所以一向強調良知與良心，重視內化與自律。公務倫理既在法律規範之內與之下，遵循與否，大體上並無違法可言，僅有是否妥適正當的論究而已；頂多只是行政責任，而不能上綱到法律責任。所以除外在課責機制外，也十分強調良心、內省與自律。顯然的，就實踐途徑以觀，公務倫理的要求與道德良知契合一致。

（五）與傳統價值不悖

傳統倫理道德係在既有的架構下，建構多數人的共識，藉以追求社會的穩定、秩序與和諧。公務倫理是現代版的公務倫理道德，用在行政與其他公務的界面與項目，扣除一些不合時宜的、純屬私關係的德目，仍有極大部分與傳統倫理道德重疊一致；也一樣追求機關內部的安定、和諧與秩序。職是，公務倫理與傳統價值並不違背。

（六）與社會共識合致

每個人的價值觀念皆有不同，縱然親如父子、母女、夫妻或兄弟姊妹們，彼此想法與看法仍然或多或少有所出入，這是多元紛歧社會的主要成因。在民主時代，這些不同的想法與作為，只要不損及公眾利益或其他人的合法利益，基本上均應被尊重；不過為使社會能夠順暢的運作，仍然必須尋找眾人之間共同一致的共識，作為大家共同遵循的準據。此一共識，若係經由民意機關折衝妥協而快速建立的就是法律制度，若係經由社會長期演化而自然形成的就是倫理道德。公務倫理既是現代倫理道德的一部分，當然與社會共識合致。

要而言之，本質雖然深藏於內，不易窺知，不過藉由一些外顯的表徵，仍然可以略知掌握。公務倫理的本質雖然不易瞭解，但透過不同角度的描述，其本質的掌握即呼之欲出。如上所述，公務倫理的本質可歸納為：與法律規範不同、與公共利益有關、與專業行規相似、與道德良知契合、與傳統價值不悖、與社會共識合致等 6 點。明乎此，即能更進一步、更深一層的瞭解公務倫理矣！

參、公務倫理的面向

前言之，公務倫理乃是有關公務員的倫理道德。從人的角度言之，是指公務員的服務倫理、專業倫理或職業倫理；從事的角度言之，是指與公共事務有關的倫理事項。公務倫理源自於我國傳統倫理道德規範，復參採歐美道德哲學思想與實踐經驗，在民主法治的潮流趨勢中，相較於法律規範，公務倫理原本不被看重。不過近年來因為某些政府高層的貪瀆弊案震驚各方，如陳水扁前總統由三級貧戶之子憑著過人努力與民意支持，榮登我國總統之位，卻因貪瀆而被法院判處重刑；馬英九總統雖自奉儉約、自律甚嚴，但仍有「北素如、中朝卿、南益世」涉嫌貪瀆而被檢察官起訴等事例。社會遂興起一股檢討與反省的聲浪，何以法制已備，卻仍不能杜絕違法之舉？於是要求重視倫理道德，特別是公務倫理的呼聲乘風而起，日甚一日，儼然已成為新的浪潮。

公務倫理來自於傳統倫理道德，其內涵極為豐富，範圍至為廣泛，規範教條也非常生活化，三達德、四維、五常、五守、八德、三綱領八條目盡皆在列，排除已不合時宜或偏屬親情部分，皆屬公務倫理範疇。即以最為人熟知的八德——忠、孝、仁、愛、信、義、和、平為例，除孝字完全排除外，其他七個德目均有公務倫理的適用空間。再以五倫——君臣、父子、夫婦、兄弟、朋友為例，父子、夫婦、兄弟三種關係乃屬家庭親情倫理，首應排除；而君臣關係已不再有，自應順應時勢調整為國家與公務員、長官與部屬的關係；至於朋友關係，亦應排除私情私誼的朋友，僅保留因公務接觸而產生的同事關係及民眾友誼關係。

公務倫理參採歐美道德哲學思想，更豐富其內涵與範圍，包括批判性倫理、規範性倫理、應用性倫理、專業性倫理、價值澄清、價值發展、道德發展、適應倫理與科學性倫理等皆屬之。（P. Schorr，1983：323；蕭武桐，1996：123）公務倫理不再侷限於工作態度、人際交往與生活習性，

而是擴大至政策決定、行政裁量與價值判斷，幾乎與公務員所有的思維作
為、一言一行均有相關。實踐正義、依法行政、揭發弊端、尊重程序、重
視公共利益、行政中立、利益迴避、民主參與、公平合宜等事項，遂經常
被提及。上述種種，大致可歸納為公共政策倫理、行政決定倫理與個人倫
理行為，斯即公務倫理的三個層次。（蕭武桐，1991：49）

　　所謂面向，就是面對，是眼前所對著的事物。由上所述，公務倫理事
項大致可區分為對國家、對機關、對自己、對同事、對民眾、對一般動
物、對人造物品、對自然環境等不同面向。茲分述如下：

（一）對國家

　　國家是全國人民的組合，代表全民的意志，理論上公務員受僱於國家，
直接或間接代表國家執行公權力，基於特別權力關係或公法上職務關係，
公務員對於國家主人必須要效忠，要擁護，要一貫的忠誠，不容有絲毫折
扣。

（二）對機關

　　國家是一部政治大機器，必須按照功能區分職掌，分由不同機關行使，
才能達成國家目的。公務員分在不同機關不同單位工作，為達成機關任務，
自應本於機關立場，依據專業與經驗，不只要忠於職務，做好他該做的事
情；也應與其他同仁溝通合作，更應維護機關的聲譽與形象。

（三）對自己

　　法律強調的是外力要求，倫理道德重視的是自我要求，所以公務倫理
的重心在對自己要求與負責，希能對得起良心良知，不愧我心。任何公務
倫理事項，不論價值判斷或言行舉止，都與己身有關，所以公務員一定要

做好管理自己的工作，絕不能懈怠或放縱。

（四）對同事

廣義的同事包括同一機關的長官、部屬，也包括無業務往來的其他單位同仁。與同事的互動，可說是公務員最主要的人際關係所在。就公務倫理言之，公務員對於長官應尊敬、服從，對於部屬應體恤、教導，對於其他同仁應相互尊重、充分溝通與合作。

（五）對民眾

所謂民眾，泛指前來洽辦業務或因事接觸的一般人民，依親疏程度可區分為家人、親友、認識者與陌生人等不同類別。就常情言之，公務員或難免有差別對待；但就公務倫理言之，不論對誰，公務員都應依法秉公處理，也應謙和熱忱以對。儘管不易做到無差別心，但大致的公平還是要做到。

（六）對一般動物

動物雖有飼養動物、野生動物與流浪動物之分；在飼養動物中，也有觀賞用、陪伴用與食用之別，不過所有動物都是有生命、會移動的個體。除特別職務外，一般公務員都應尊重生命，愛護動物，充分體現「民吾同胞，物吾與也」、「悲天憫人、愛屋及烏」的道德情懷。

（七）對人造物品

不論是政府機關、企業組織、非營利團體或一般民眾所為之人工設施，包括道路橋樑、房屋建築、公園路燈、器具用品、書籍字畫、資訊產品等，皆屬人類智慧的結晶。公務員應尊重所有人或使用人的權利，若為自己使

用時也應善盡愛惜與維護之責，千萬不能毀損或破壞。

（八）對自然環境

　　每一個人都來自於自然，也終必回歸自然，公務員自不例外，所以我們都應崇敬自然環境，愛護自然環境，畢竟我們只有一個地球。既為自己，也要留給子孫美好的、純淨的自然環境，公務員應盡到守護自然的重責大任，不應任由私人財團為一時經濟開發的利益，犧牲全民及子孫未來的福祉。

　　要之，公務倫理立基於公務員個人，以全方位面對四周，這些面向看似難以掌握，不過如果依照其主要接觸對象加以區分，大致仍可區分為上述八大面向。

肆、公務倫理的衡量指標

　　公務倫理既是在公共事務處理方面人與人相處的道理，那麼人的相對定位與互動關係便顯得十分重要，惟有在靜態的定位與動態的對應釐清之後，公務倫理的具體內涵才能呈現出來。這些定位與對應，自然而然的成為衡量公務倫理的重要指標，茲分職務、角色、年齡（資）、性別、關係與態度等 6 項說明如次：

（一）職務

　　所謂職務（position），是指人員與工作的結合，職務的內涵是以其職務編號及其職務說明書或工作說明書所記載的職掌事項為準。通常一個人佔有一個職務，職務在工作性質上有職組與職系的區分，在職責程度上則有官等與職等的不同。民國 85 年我國公務人員人事制度計分設簡薦委 3

個官等，14 個職等，26 個職組，53 個職系。目前官等與職等數仍維持不變，但民國 96 年已修正爲 43 個職組，職系增爲 95 個。100 年修正職組暨職系名稱一覽表規定，職組數未變，職系則增爲 96 個。

職務是機關組織中最小的組成單位，由於每個人的職務不同，因此所占據的組織地位（status）不同，擁有的職權（authority）不同，所能發揮的功能也不同。經由不同職務縱向的、橫向的結合，一個組織體系方得以建立，此即所謂的正式組織。在瞭解職務所處的位置後，機關組織才能進一步決定其酬勞，賦予其職權，及課予其責任，公務倫理的相對關係也才能確立。

固然在民主法治時代，每個人的人格都是平等的，每個職務也應該被尊重；不過在公法上職務關係的組織體系中，職務並非獨立存在，而是存在指揮、監督、協調、溝通、服從等各種行政關係。這些關係的互動都以所佔據的機關職務爲前提，而非以個人經銓審的資格爲依據，公務倫理的建立亦然。我們可以說拋開職務，公務倫理將難以定位。

（二）角色

角色（role）係指個人佔據某一職務後，他人或本人所期望應採取的行爲型態；事關社會大眾對擁有特定身分者的行爲，所抱持的期盼。（鄧東濱，1998：114）公務員在組織中扮演的正式角色是職務的動態面，透過角色扮演，職務的意義與功能才能彰顯出來。不過一個人在機關內並非只扮演一種固定角色，他的角色扮演，隨著各種相對關係而改變，在其他社會組織中尚扮演各種不同的角色，並與其他角色扮演者發生關係。由於每個人在不同的時空，面對不同的對象，扮演各種不同的角色；而扮演的每一角色又各有其關係角色，於是就造成角色的複雜性。（姜占魁，1980:64）如公務員疏於或昧於自我定位，以致忘卻自己是誰，即會產生角色混淆（role ambiguity）的現象。（鄧東濱，1998：115）

大致言之，本人的角色認知與他人的角色期望，對於角色扮演者的影響最大，而因為多元角色與關係角色的複雜多變，因此難免會有各種不同的角色衝突出現。在角色表現不佳或有矛盾衝突之際，公務倫理無疑是很好的行動準據，不過角色的誤知、混淆與衝突，卻也可能反過來破壞目前對公務倫理的覺知，甚至建構新的公務倫理觀念與作為。因此，角色對公務倫理的影響是我們所不可忽視的。

（三）關係

在現代社會中，每個人都被安置在一個關係網絡中，人因此是「關係的存在」（relational being）。（金耀基，1992：10）所謂關係（relation），係指人與人之間長久而穩定的對應狀態；一般分為正式關係與非正式關係，或原級關係與次級關係兩種。基本上人與人的正式關係視其職務而定，原級關係即與生俱來而不可改變的關係，如父母子女、兄弟姐妹之間的關係，均視其身分而定，這種關係的本質是無可改變的事實，然而互動的程度與情形，對於兩者親疏遠近的關係卻不無影響。此外，略過職務與身分而建立的非正式關係或次級關係，多數以朋友型態出現的交往情形，是藉由良好而頻繁的互動關係而維持其友誼，如一段時日不再聯繫，其友情自然疏遠、退化；如惡劣的相互對待，更可能成為仇人。

職是，職務與角色對公務倫理的建立與維持，固然有重大的影響，但機關組織內部人與人之間的對待與互動關係，特別是因密切交往而建立的非正式關係，對於公務倫理也有所影響。

（四）年齡（資）

年齡（year）與年資（seniority）在機關組織中是具體且客觀的衡量要素，每個人的年齡都隨著歲月的流逝而逐漸增大，其年資亦隨著任職期間的增長而變得更為資深，但人與人之間相對的年齡差距則是不可改變的事

實。我國傳統的倫理觀念特別重視「長幼」的問題，在政府機關也經常佐以「年資深淺」的考量，期能在「尊卑」的體制下，更進一步的穩定職場結構。

在機關組織中的人際交往，固然以職務為基礎，也最為重要，彼此有無命令服從關係，以及因職務所據的職等高低，因而產生的「尊卑」互動關係，確實是正式關係的主軸，然而年齡大小與年資深淺卻也錯雜其中，影響兩者互動。不論職務高低或有無特殊背景等關係，對於年長資深的同仁特別尊重與禮遇，將會得到多數人員的支持與肯定。常言道：家有一老，如有一寶，在政府機關也有其適用性；又云：倚老賣老，在任何組織中都可能如此。無疑的，年齡（資）因素也是衡量公務倫理的重要指標。

（五）性別

在我國傳統政治，一向是男人的天下；在傳統社會，也是男尊女卑，以男人為主。不過晚近民主與人權思潮傳入我國後，性別意識抬頭，女性服務者日眾，不但強調男女平權，更因為女性在生理上的弱勢，故要求尊重女性的呼聲日亟。對於異性同仁的言談舉止必須特別謹慎留意，以免被評斷為「性騷擾」，因而有違公務倫理之旨，甚至違反「性平三法」（即性騷擾防治法、性別工作平等法與性別平等教育法）的規定而遭到懲罰。

不容否認的，性別（sex）因素不但是衡量傳統倫理的指標，亦攸關現代公務倫理的認知與作為。因此在建構公務倫理時，絕不能忽略男女性別的差異。

（六）態度

態度（attitude）是一種行為傾向，具有一致性、持久性與組織性，也必有其對象。（張春興，1980：472）一個人的態度表現，雖因慣性反應或

惰性思考，常有相同的制約表現，但因每次面臨的人物時事地等情境並不
相同，加上人的情緒起伏變化，臨場表現總有不同。一個公務員的態度表
現如何，當然會影響到他對公務倫理的看法；而公務倫理的規範，對於公
務員的態度表現也會有所影響。清朝曾國藩有云：「做人要像個人，做官卻
不能像官」；我們常聽說的「官不可僚、民不可刁」，都是對態度的期許。

　　如上所述，態度是一種彈性最大的可變因素，因人因時因地因物因事
而有不同。從一個公務員的態度表現，最能清楚的認識其踐履公務倫理的
情形，態度對於公務倫理的重要性即不難得知。

　　總之，公務倫理是一套經由多數公務員認同的公共事務處理規範。吾
人置身其中，應如何遵行公務倫理，或採取何種標準，端視前述職務、角
色、關係、年齡（資）、性別與態度等 6 項因素而定。

伍、公務倫理的種類區分

　　公務倫理的項目繁多，不一而足，但絕大多數皆由傳統倫理道德經時
代的演進遞嬗，以及配合公部門的實際需要而來。國家對公務員在法律上
的行為要求遠較其他從業人員嚴格，例如同是不法拿取公家財物，公務員
所犯的罪行為貪污，一般企業公司員工只是涉及侵占或背信罪，而貪污罪
的刑罰遠比侵占或背信罪為重；又如圖利他人罪幾乎只適用於公務員；刑
法第 134 條更明白規定公務員假借職務上權力、機會或方法犯罪者，除已
因公務員身分為特別規定其刑罰者外，可加重其刑至二分之一等，均足以
說明。總體言之，社會大眾對公務員在品德方面的期望較高，例如一般民
眾出入特種營業場所，社會輿論均不以為意，但對於公務員則不能認同；
一般企業員工可以自由參加工會，亦可合法罷工，但公務員則被嚴格限
制。職是，公務倫理的項目不但較一般社會倫理的項目為多，尺度標準也

更為嚴苛。

　　公務倫理的範圍，如從西方的角度出發，大體上包括：1.批判性倫理，2.規範性倫理，3.應用性倫理，4.專業性倫理，5.價值澄清，6.價值發展，7.道德發展，8.適應倫理，9.科學性倫理等（P.Schorr，1985：169）。在我國，迄無明確的界定，惟若就一般認知的內涵，依不同標準加以區分，大致可分類如下：

（一）以時代為標準，可區分為傳統倫理與現代倫理

　　我國古代雖然有許多先賢對倫理有所闡揚，但往昔僅有倫理道德之名，並無公務員專業倫理，因為傳統倫理道德範圍至廣，包括政治，亦包括一切人際關係。現代倫理除承襲我國傳統外，也吸納許多西方民主法治的精神，因此其範圍、程度與重心均有不同。例如同樣講忠，傳統倫理係指忠君忠上，現代公務倫理則強調忠於國家、忠於職務、尊敬長官與服從命令。

（二）以職務為標準，可區分為工作倫理與生活倫理

　　公務員因職務而取得權力，在職務上應遵循的倫理準則，即是工作倫理，例如主動積極、保守秘密、勇於負責、公正清廉、追求效能、注重公共利益等，即屬之。如與工作無直接關係，但在日常生活事務應遵循的倫理規範，例如樂於助人、不出入特種營業場所、不形骸放浪、不行為不檢等，亦與官箴有關，即所謂生活倫理。

（三）以效力為標準，可區分為規範倫理與共識倫理

　　我國古代儒家主張德治，強調教化與感化，故曰：「君子之德，風；小人之德，草；草上之風，必偃。」「上樑不正下樑歪，中樑不正倒下來。」法家則主張法治，透過律例條文規定，崇尚嚴刑峻罰，兩者在工具使用與

目的價值方面差異極大。晚近倫理與法律則有合流之趨勢，一些較爲重要或必須加強約束的倫理德目，紛紛爲法律所吸收，而成爲法令條文的一部分，即所謂規範倫理。公務員服務法所規範的事項原來幾乎都屬於倫理範疇，現在則爲法律義務，乃規範倫理之一例。至於僅有社會大衆之共識，而無法律之約束者，即屬共識倫理，例如目前的弊端揭發、尊重長者與資深制等要求即是。不可否認的，共識倫理並無外在的法律效果。

（四）以作爲爲標準，可區分爲積極倫理與消極倫理

公務員在職務上，應有所爲與有所不爲，前者應主動爲之，恪盡本份，積極有所作爲，例如應按時到班、服從命令、忠實執行職務等，即屬積極倫理；如不積極爲之，即違反倫理之要求。後者則應消極的不做，如果去做，便違反倫理，如不洩漏公務機密、不收受賄賂、不貪污、不假公濟私、不誹謗長官等，均爲消極倫理之事項。

（五）以重心爲標準，可區分爲決策倫理、管理倫理與執行倫理

公務員不論在那種領域或屬於什麼地位，所從事之工作，大體均與決策、管理與執行有關，不過依帕森思（T.Parsons）系統理論的觀點，組織裡不同層級人員的工作重心不同，高層偏重規劃、決策與模式維持，中層著重協調、整合與管理，基層側重目標達成與執行，（姜占魁，1980：238）因此在倫理的要求也略有不同。高層的決策倫理應注意公共利益、社會公平正義、公民參與、因應民意等課題；中層的管理倫理應注意分配正義、照顧弱者、效能指標等課題；基層的執行倫理則特別強調依法執行、合理合法、一律平等、程序正義、認眞執行等課題。

要之，區分標準不同，公務倫理的種類區分即有不同。從上述說明中，吾人應不難瞭解。

表 4-1　公務倫理的區分標準與種類

區分標準	區分種類		
時代	傳統倫理	現代倫理	
職務	工作倫理	生活倫理	
效力	規範倫理	共識倫理	
作為	積極倫理	消極倫理	
重心	決策倫理	管理倫理	執行倫理

陸、公務倫理的表現場域

　　如上所言，我國傳統政治向來是以倫理道德為基礎，特別是在西漢武帝獨尊儒術、罷黜百家之後，以儒家孔孟仁義為主的德治思想，可謂貫穿整個社會，道德與政治幾乎合為一體，倫理思想與政治哲學合而為一。（蕭武桐，1996：8）因此倫理道德條目極多，內涵也極為豐碩，除大家所熟知的四維（禮、義、廉、恥），八德（忠、孝、仁、愛、信、義、和、平）、大學三綱領（明明德、親民、止於至善）、八條目（格物、致知、誠意、正心、修身、齊家、治國、平天下）、五倫（父子有親、君臣有義、夫婦有別、長幼有序、朋友有信）之外，其他如：時中、勤慎、中和、寬恕、推己及人、天人合一、圓融、禮讓、重人情、居安思危等等，可謂只要出於善念，屬於善的、好的事物幾乎都包括在內。雖然有些內涵已因時代環境的變遷而顯得有些不切實際，不再為後人普遍奉行，例如「父母在，不遠遊」、「不孝有三，無後為大」之訓勉即是。不過其原則與精神仍有許多值得保存與發揚或調整改進之處，如孝字之德目內涵雖有改變，但其原則精神卻不宜改變。

　　公務倫理既由傳統倫理道德演變而來，也基於現代公務需要斟酌損益而得，其內涵自與前述德目不盡相同，復由於文化背景歧異，所處環境不

一，以及個人價值觀念有別，在倫理的取捨及遵行程度上必然不同。因此公務倫理並非絕對的、可觀的，其範圍界限也是模糊的，不過仍有四個不同的面向可以做為吾人採擷的重要參考：

（一）工作態度

公務員以其工作，即職掌事項的積極或消極作為，管理人民，也為人民服務，而工作表現主要由工作態度與工作能力決定。工作能力取決於知識、經驗與臨事處理，工作態度則與心態及倫理道德有關。縱然一個人原先工作能力不怎麼樣，但只要有心，他會努力學習、充實，工作表現也會越來越好。職是，工作態度之於公務倫理，是十分重要的。大體上，有關工作態度的公務倫理項目有忠誠、負責、公正、主動、認真、效能、守密、揭發弊端、尊重程序、依法行政等。

（二）行政裁量

裁量權是法律賦予公務員斟酌決定處理業務的彈性空間，裁量也是職權行使的一部分，與決定有關，原屬工作之範疇，但與人民權益密切相關。所謂裁量，即選擇認為是正確的或較佳的方式去處理之意；任何裁量的作成，均有倫理價值的考量。在實際公務行為中，有五個原則可做為行政裁量之指引，即：1.公共利益的考量，2.深思熟慮的抉擇，3.公正正直的行為，4.程序規則的尊重，5.在手段上的限制。（蕭武桐，1996：245）就這方面言之，其所強調的項目主要有公共利益、行政中立、利益迴避、合法性、公平性、妥適性、時效性、民主參與等。

（三）生活習性

生活習性不一定與工作有關，但會影響工作情緒與態度，這雖屬私德範圍，即個人品德的領域，但與官箴有關，也會影響公務員的聲譽與形

象，故不能不重視。與生活習性有關的公務倫理主要有誠實、清廉、節儉、愛惜公物、維護整潔、不貪污、不受賄、不出入特種營業場所等。此外如重視家庭、照顧家人等，也常被提及。

（四）人際交往

人不能離群索居，故人與人之間的相處與交往勢難避免，倫理本在規範人與人之間的關係，因此有關人際交往的課題倍受重視，管理也不能離開倫理的範疇。西方管理可以說是管人與理事的乘積，但國人觀念卻認為管理應該是管事與理人的乘積，所以「不能管他」，但「不能不理他」。（曾仕強，1991：172）在公務倫理方面，尊敬長官、體恤部屬、樂於助人、謙和對待同事、有事互相幫忙、不道他人長短、不擺官架子、設身處地為他人著想、公平競爭等，均屬之。

總而言之，公務倫理之內涵項目極多，範圍界限亦難明確界定，故其項目難以一一臚列，不過吾人仍可根據上述四個面向予以探擷。如此一來，重要德目大致均已涵括其中，而公務倫理不同於其他倫理之特色，也浮現出來。

柒、公務倫理的重要內涵

前言之，公務倫理的範圍至廣，內涵頗豐，在排除傳統倫理道德屬於家庭私情部分及不合時宜之處後，均屬公務倫理的範疇。職是，傳統的三達德、四維八德、五倫、三綱五常、三綱領八條目等均有公務倫理的適用性。以孫中山特別提及的八德─忠、孝、仁、愛、信、義、和、平為例，除孝字完全屬家庭私情倫理外，其他七個德目均有公務倫理的適用空間。再以五倫─君臣、父子、夫婦、兄弟、朋友為例，父子、夫婦與兄弟關係乃屬家庭私情倫理，應予排除；而君臣關係已不再有，自應順應時勢調整

爲國家與公務員、長官與部屬的關係；至於朋友關係，亦應排除私情私誼的朋友，僅保留因公務接觸而產生的同事關係及民眾友誼關係。

此外，公務倫理亦參採歐美道德哲學思想，因而更充實豐富其內涵，包括批判性倫理、規範性倫理、應用性倫理、專業性倫理、價值澄清、價值發展、道德發展、適應倫理與科學性倫理皆屬之，（P. Schorr，1983：323；蕭武桐，1996：123）其範圍幾乎涵括公務員的所有思維與作爲。職是，近代由歐美引進的實踐正義、依法行政、揭發弊端、遵守程序、重視公益、行政中立、利益衝突迴避、民主參與、公平公正等事項，亦均屬公務倫理之範疇。

儘管公務倫理的範圍很廣，內涵很多，不過歸納其中最重要的內涵，大概不外乎下列 7 點：

（一）效忠國家

沒有國，那有家？那有個人？所有國民均應愛國，特別是公務員，受僱於國家，是國家統治機器組成的一分子，直接或間接代表國家執行公權力，所以對國家忠誠是公務員的首要義務，不只是法律義務，也是倫理義務，在形式上應具有國籍，宣誓效忠；在實踐上亦應表現對國家的忠誠，特別是涉外事務，一定要以國家利益爲依歸。

（二）勤於職責

做好份內工作，是公務員最基本的義務。公務員對於自己的職務，主要是工作內容、工作量、服務對象以及延伸而來的職掌、職責與職權，一定要有清楚的認識與掌握，也要努力做好該做的事情，扮好該演的角色。除應充實工作知識、提升工作能力外，在工作態度尤應秉持主動積極、認真負責的精神，盡心盡力的做。不因長官的異動或環境的變遷而改變，也

不受政黨與選舉結果的干擾。人人如此，有效能的政府才可望建立。

（三）尊敬長官

所謂長官，通常指具有下達命令或指示及監督考核權責的上級人員。就法律義務言之，部屬有服從長官命令的義務；就倫理要求言之，部屬則應尊敬長官，一種發自本心，流露自然的敬重與敬愛，而非奔走鑽營、逢迎巴結、曲意奉承。透過對長官真誠的尊敬，留給長官正面較佳的印象及足夠的信任，良好的長官部屬關係乃能建立。

（四）激勵部屬

長官在職權範圍內固有指揮命令部屬的權責，但不只「管」而已，更要「教」，教導他、帶領他工作。在遭遇困難時應支持他、協助他、輔導他、體恤他；在表現優異時，亦應不吝給予獎賞與嘉勉。帶心才能帶人，才能贏得部屬的真心支持，營造一個良好的組織文化。

（五）善待民眾

國家設官分職，治理民眾，所以國家是為人民而存在，人民是國家的主人，公務員則是國家的公僕。漢朝董仲舒有云：「天之生民，非為君也；天之立君，以為民也。」可為明證。在執行職務、與民眾接觸時，公務員在立場上固應依法行政，但在態度上應有同理心，應以善意關懷、服務、體諒之心為民服務，才能贏得民眾對政府機關與公務員的信賴與支持。

（六）處事廉正

宋朝岳飛云：「文官不愛錢，武官不怕死，天下太平矣！」廉潔可謂是公務員最基本的要求，公務員應清楚瞭解，不該拿的錢一毛錢都不能拿。

據瞭解一般民眾最不能忍受的公務員行為就是收受賄賂、貪污腐化。馬英九總統曾說：「人民的信賴是政府的最大資產，而貪腐則是人民信賴的最大腐蝕劑」。有道是：官員貪財的結果是得到棺材。少數公務員因涉貪而被判處重刑，終致身敗名裂，悔恨不已；殷鑑不遠，全體公務員皆應惕勵在心，時時注意。語云：公生明，廉生威。又謂：公正才能明察秋毫，廉潔才能威行四海。先賢亦言：民不服我能，而服我公；吏不畏我嚴，而畏我廉。誠哉斯言！除清廉要求外，亦應注意公正、公平與正直的問題。凡事「不平則鳴」，也會引來「路見不平，拔刀相助」的後續困擾；只要做的正、分的公、給的平，自然可以解決問題、化解紛爭，縱然仍有不滿之聲，相信也可以減到最低。

（七）注意品德

公務員工作與生活中的任一微小細節動作，既是習慣與態度問題，也涉及品行操守問題，事涉官箴，不可等閒視之。平常養成好習慣與堅定心，自然不易走偏，也不必擔心一時的貪念與外界的威脅利誘。三國蜀漢劉備曾說：「勿以善小而不為，勿以惡小而為之。」不正是告誡我們要注意微小細節的品德問題嗎？

簡言之，公務倫理內涵雖多，但歸納起來其實主要只有上述7點。此與考試院所提公務人員五大核心價值，即「廉正、忠誠、專業、效能、關懷」相較，扣除非屬倫理範疇的專業與效能，大致均已能涵括。應是「英雄所見略同」吧！

捌、公務倫理的實踐情形

公務倫理既如是重要，政府相關部門當然透過各種管道與方法積極宣

導且加強辦理。就當前辦理情形觀之，大致朝 5 個方向努力：

（一）法制化

　　在公務員依法行政體制下，以法制規範公務倫理，可謂勢所必然。(許南雄，2013：301) 如前所述，倫理道德與法律的本質截然不同，而公務倫理具有公共性、公益性，其性質較趨近於法律，更有法制化的空間。如將公務倫理的條目內涵以明確的、具體的文字加以表述，予以條文化、體系化，並經有權機關制定或訂定，成為具有拘束力的法規範，斯即公務倫理的法制化。為使公務倫理更有拘束力，更具可行性，遂有許多倫理法規的制（訂）定，如早期的公務員服務法、公職人員財產申報法、公職人員利益衝突迴避法等，近年的公務人員行政中立法、公務員廉政倫理規範、公務人員服務守則等，均可謂是公務倫理法制化的明證。

（二）教育化

　　為加強辦理公務倫理宣導，落實公務員遵守公務倫理事項，公務人員保障暨培訓委員會除將公務倫理納入公務人員考試錄取人員基礎訓練及委任晉升薦任官等訓練之課程外，每年亦開辦公務倫理宣導訓練課程，邀請學者專家講授；行政院人事行政總處除責成行政院所屬各機關辦理公務倫理訓練或研習外，亦透過公務人力發展中心及地方行政研習中心開班授課。以民國 101 年為例，公務人員保障暨培訓委員會委由國家文官學院首度開辦「101 年公務倫理高階主管研討班」，並於全國各地開辦「101 年公務倫理宣導專班」等 2 種專班；是年辦理主管班 5 班，計 192 人參訓；宣導班 27 班，計 2,212 人參訓，合計 32 班，總計 2,404 人參訓。有高達 95% 以上的受訓人員對於課程配當、教材及授課講座表示滿意，也認為對提升公務員公務倫理觀念助益頗大。(蔡璧煌，2012:1) 此一情形說明公務倫理正透過教育宣導方式，予以強化的走勢。

（三）普及化

公務倫理本屬倫理道德的範疇，在學者的引進及呼籲、政府的重視與倡導之下，此一名詞始被提出，此一概念與內涵也廣泛的被討論。公務員的一切行爲舉止，包括所思所言、一舉一動，除遵守法令規定外，也應符合公務倫理的要求。因此，公務倫理不只是公務員個人內心的判斷準則，也是政府機關要求每一公務員的行爲規範，甚至納入行政命令層次，成爲具有法效力的公務倫理規範。顯然的，公務倫理的實踐已日漸普及化。

（四）公開化

相較於法律規範，倫理道德本是隱藏於心，且塡補法律規範所不及的空間，不易察覺它的存在。然而因爲政府的大力宣導，倫理道德不再侷限於家庭或私領域的空間，公務倫理特別重視工作職場與公共事務，使得公務倫理成爲公務員依法行政之外的第二守則，公務倫理不再是「不宜張揚」的準則，而是可以公開大方談論的課題。公務倫理偏重公領域，走向公開化，已是不爭的事實。

（五）積極化

早期公務倫理要求，主要著重在公務員消極的不得作爲事項，如保持清廉、不受請託關說、不擅離職守等；近年來爲實現公共利益與提振政府績效及形象，更強調熱忱服務、主動關懷、多元參與、專業發展等積極作爲事項，促使公務員更有作爲。（許南雄，2013：300）政府作爲的轉向，不難看到公務倫理已朝著積極化的方向發展。

要之，公務倫理之受重視，在我國不過是最近一、二十年的事情，特別是公務人員保障暨培訓委員會成立後，一直不遺餘力的宣導，所以公務員在耳濡目染之下或多或少都能瞭解它的重要性，願意遵守各種公務倫理

規範，甚至內化成為個人內在行為準則。公務倫理法制化、教育化、普及化、公開化與積極化的趨勢，自屬實踐的必然結果。

　　不容否認的，倫理道德的本質是沒有強制約束力的內在規範，也欠缺具體明確的客觀標準，部分德目的內容在實際操作過程中或有矛盾衝突之處，或因過度重視人情，可能有害於公平正義、公共利益的達成。不過公務倫理經上述五化後，其具有彌補法令規範的不足、維持機關體制的穩定、協助業務的順利推展、增進人際關係的和諧等 4 項功能，已更為彰顯與明確。

　　吾人期盼：透過對公務倫理的認知與實踐，不但促進我國政府機關各種行政行為更上軌道，也讓各級公務員均能瞭解，其一言一行對國家社會的重要意義，從而帶動整體社會的和諧與進步；甚至如孫中山所言：用固有的道德和平做基礎，去統一世界，成一個大同之治。（孫中山，1924：64）那不只是國家之幸！也是全民之福！

玖、公務倫理的功能價值

　　前言之，倫理道德與法律、宗教，均是維繫人心、維持社會秩序的重要力量，但三者的目的功能各有不同，也各有其侷限性。大體言之，法律是外在的要求、強制的規範，所以遵守法律往往是被動的、非志願的，雖不能根絕違法行為，但卻是最有嚇阻力量的要求；而宗教與倫理道德則是內在的約束、志願的服從，但要求標準相對較高，透過輿論與公眾力量，也有很好的改正或示範效果。有道是「孝字論心不論事，論事千古無孝子；淫字論事不論心，論心萬年無完人」。孝順看心，可謂是倫理道德的代表；性行為看事，是法律判決的主要依據，兩者正足以說明倫理道德與法律的區別。大體言之，宗教較為深化，倫理道德具有普遍性；西方社會偏重宗教力量，我國社會則著重倫理道德方面。

　　倫理道德的德目與內涵可能為法律所吸收，而成為法律條文的一部分，例如我國公務員服務法即吸收許多公務倫理的內涵，又如利益衝突迴避、據實申報財產，原本只是輿論呼籲遵行的倫理道德範疇，目前已成為法律規範的義務。倫理道德的德目也可能因為個人價值觀不認同，或不能適應時代潮流的要求而被淘汰，不再為世人所奉行不渝。

　　雖然如此，公務倫理仍有下述 4 項無可替代的功能：

（一）彌補法令規範的不足

　　法律雖就社會事務為抽象規定，但緣於政府立法與執法能力有限，終究不能鉅細靡遺；且公權力不宜過度介入私生活領域，因此法律並非萬能，亦非無所不在，法律有時而窮。復以許多人民的法治素養與守法觀念異常淡薄，昔日臺灣鄉下地區所流傳的話，諸如「法律千條萬條，不如黃金一條」、「法律千萬條，要用自己喬」、「一審重判、二審減半、三審豬腳麵線」等語，均是不尊重、不相信法律的明證。在法律不足以規範全部社會事務的情況下，倫理道德的空間相對增大，對於許多法律所不及的地方有所填補。例如公務員接受饋贈，依法不可，卻又是人情之常，只好藉助社會認可的倫理道德標準予以約束。

（二）維持機關體制的穩定

　　法制固然是公務員依法行政必要的綱紀，但行政道德與倫理才是關乎公務員作為或不作為的基石。（黃丙喜等，2012：97）儒家重視倫理道德，可以說是「德治」，其要旨是將社會上每個人及其周邊的人際關係加以定位，寓有尊重現狀、穩定社會的意義。公務倫理亦具有如是的功能，藉由倫理道德以促進機關的模式維持，達成組織的穩定運作。例如除在法律面強調服從命令、忠於職務外，也應在倫理道德面尊重長官、恪盡本分；兩者相輔相成，自能深化及內化其效果，使組織體制更趨穩定。

（三）協助業務的順利推展

業務順利推動是組織達成目標的重要途徑，但行政事務一如家事，表面上看起來沒什麼，卻不易真正做好。有些事情顯非「依法行政」或「公事公辦」即能處理妥適，尚須仰賴「私交」或「人際關係」才能辦妥，古代所謂的「朝中有人好做官」、「人在公門好修行」，正是此意。既然涉及人際交往，則有賴公務倫理加以規範，方能不逾矩。例如對於升遷、考績或進修、福利之爭執，雖不易處理，惟如能以公務倫理的角度加以考量與解決，即可有效化解。顯然可知，強調公務倫理，將有助於各項行政業務的順利推展。

（四）增進人際關係的和諧

雖然秩序、效率可以藉由法律規範要求而獲致，然而和諧、愉快卻必須經由良好的人際互動、長久的默契與共識的培養，才能有效增進。因為法律只能規範人的外在行為，無法約束人的內在精神，而和諧、愉快是因內心感受而存在。若能以公務倫理為前提，即在公的職務關係外，建立私的情感友誼關係，使機關像家庭一樣，大家如同兄弟姐妹的相處，如此即能營造和諧愉快的人際關係。

誠然，倫理道德的本質是沒有強制約束力的內在規範，它既欠缺明確客觀標準，部分內容或有矛盾之處，且因過度重視人情，可能有害於公平正義、公共利益的達成，究有多大效果，實在難以言明。不過其具有上述彌補法令規範的不足、維持機關體制的穩定、協助業務的順利推展、增進人際關係的和諧等 4 項功能，則是無可否認的事實。

總之，公務倫理具有上述 4 種不可替代的功能。所以儘管傳統倫理道德式微，依法行政呼聲日益高漲，但公務倫理不但沒有消失，反而日漸受到重視。

拾、公務倫理發展的困境

　　大致言之，公務員行為可分為履行義務的行為（duty act）、違反義務的行為（contra duty）與無涉義務的行為（non duty act）等 3 種。（蕭武桐，1991：179）其中違反義務的行為包括違反法律義務與違反倫理道德義務兩者。公務員何以會出現不倫理行為，也就是違反倫理道德義務的行為呢？其原因不外政治的、心理的、社會經濟的或行政的四種原因，（蕭武桐，1991：182）這也是當前公務倫理發展的困境所在。誠然，近年來由於公務倫理觀已從消極性轉為積極性，從重視他律轉為自律與他律並重，從免耗性轉為生產性，（國家文官學院，2012：5）在政府相關部門的大力推動及宣導下，公務倫理大致能達到前述彌補法令規範的不足、維持機關體制的穩定、協助業務的順利推展與增進人際關係的和諧等四項功能；因之，其受到重視乃必然之發展。然而公務倫理本身終究只是維他命，而非解藥，也非萬靈丹，在實施過程中亦屢見其困窘之處，例如責任的衝突、利益的衝突、正當行為分際的不易確定等，（繆全吉，1988：53）在在值得吾人深思。茲就一般所見之困境扼要述明如次：

（一）欠缺強制力

　　倫理與法律在本質上的最大區別是前者欠缺強制力，所以再好的倫理德目都不足以命令全體人民遵行。除非是被法律所吸收而成為法律條文的一部分，如民法第 1084 條規定「子女應孝敬父母；父母對於未成年之子女，有保護及教育之權利義務。」或如忠實執行職務、服從命令、保守秘密等，已明載於公務員服務法者始具有法律效果外，其餘均無外在的強制約束力。僅靠個人的認知與價值觀予以遵守維繫，因此其實施成效總是因人而異。

（二）無客觀標準

倫理道德是抽象的、籠統的、主觀的，僅有原則與方向，很難具體描述，也無客觀標準可言。例如所謂忠實執行職務，究是指把事情做完、做對、還是做的很好？除長官交辦事項外，是否屬於自己職務範圍內的事項均應躬親執行？若交代部屬執行或委請他人代爲執行完成，是否就不是忠實執行公務？在在均無客觀標準可言，其執行情形也就惟個人良心是賴。因之，除法制化者外，公務倫理難有進一步之發展。

（三）部分有矛盾

倫理道德是社會文化的產物，也是大眾人心的共識，其內涵與重心往往因國家、地區、時代而有不同。國情環境、文化背景的歧異，使得倫理要求截然不同。例如篤信基督教或天主教的國家認爲一夫一妻制是理所當然的事，但回教國家卻允許一夫多妻制，西藏地區則以多夫一妻制爲主；西方國家允許離婚再婚，但中國古代卻不准休妻，只許納妾。再以公務倫理言之，保守秘密與舉發弊端兩者之間即互有矛盾，難以取得平衡；而公共利益與法律規定兩者之間，有時因法律規定不周延、不及時，以致有益於公共利益的決定卻可能面臨違法之虞。由於類此互有矛盾的倫理要求，使得公務員面臨衝突與掙扎的痛苦。

（四）過度重人情

倫理本是規範人與人之間的關係，然而因爲過度重視人情因素與人際關係，反而有害於公務倫理。例如可能因過度重視朋友之拜託，因而做出違法之事；而由家族主義引出的特殊主義，即無論做什麼事，都把對象依親疏遠近分成差等，然後給予不同的服務。對關係深厚者就賣力辦事或給予通融；對無關係者，就胡亂推託或處處刁難。（繆全吉，1988：49）此一心態與作爲，明顯有違公平、公正之倫理準則。

　　綜上所述，不難瞭解公務倫理仍有許多先天與後天的困境。正由於這些困窘，使得公務員縱使有心做好，也可能難以適從，陷入痛苦之境。吾人認為：政府如果有心，當可組成委員會，深入探討所有的倫理道德項目，如有納入法律條文之必要者，即予制定或納入相關規定之中；如不夠具體明確或互有矛盾者，即予釐清講明；並透過訓練或宣導方式，教導公務員處理之道。果能如此，當能使公務倫理之窘境減至最低矣！

　　公務倫理做為一門學科被提出來探討，雖是最近數十年的事情，然而它所植基的傳統倫理道德，不論東西方均已有一、二千年的歷史，可謂源遠流長；而它漸趨重要，也是不爭的事實。吾人期盼：透過對公務倫理的認知與實踐，不但促使我國政府機關各種行政行為更上軌道，也讓各級公務員均瞭解到其一言一行對國家社會的重要意義，從而帶動社會的和諧與進步。那不只是國家之幸！也是全民之福！

第五章　公務倫理法制化

壹、公務倫理法制化的說明

公務倫理是近年十分熱門的名詞與概念，眾人時常聽聞，自是耳熟能詳；不過公務倫理法制卻較感陌生，雖有聽聞，卻不那麼熟悉。部分人士總是時相混淆、交換使用，不予區分，甚至認為是二而一、一而二的概念，除字數與說法不同外，二者並無不同。真的是如此嗎？

前已述及，公務倫理乃指公務員在執行公務或處理與其身分相關的事務時，如何與周遭長官、同仁、部屬、民意代表、社會大眾應對相處的人際道理。公務倫理法制雖亦指涉公務員執行公務或處理與其身分相關的事務，但主要指為人處事、應對進退方面必須遵守的法令規範。公務倫理的重點在人際道理，但公務倫理法制的重心則在法令規範。二者意義、內涵固然近似，但其實有別，是透過法制化的過程始將二者連結在一起。易言之，從公務倫理到公務倫理法制的過程，就是公務倫理法制化。茲就連結後的兩者關係說明如次：

（一）公務倫理法制是公務倫理的重要部分

公務倫理的範圍既廣，其重要性亦各有不同，格於法規本質的特性及立法資源的限制等因素，自不可能將公務倫理全部予以法制化，而只能揀選其中現階段認為有必要的、相對較為重要的德目為之。所以就外表觀之，公務倫理法制只是公務倫理中較重要的一部分。

（二）公務倫理法制是公務倫理的規範部分

　　倫理道德的內涵浩瀚無邊，就人而言，公務倫理雖限縮於公務員，但就事項而言，仍然包括所有待己、待人、待物，應為與不為的一切條理，其範圍自屬廣泛。如前所述，公務倫理依是否具有法效力的標準予以區分，可分為共識倫理與規範倫理二者，所謂共識倫理是指具有高度共識，但未被法制吸收的倫理道德，其範圍較廣；規範倫理是指被法制吸收的倫理道德，也就是倫理法制，其範圍較窄。顯然的，倫理法制只是倫理道德的一部分，公務倫理法制也只是公務倫理中的規範部分而已。

（三）公務倫理法制是公務倫理被法制吸收的部分

　　倫理道德與法令規定的本質原有不同，但為明確其規範，強化其執行效力，有權力者遂透過立法程序，將重要部分抽離提升為法規範，以條次條文的方式呈現出來。因此可以說，公務倫理法制就是從公務倫理中抽離而以法令規定的部分，即被法制所吸收的部分。

（四）公務倫理法制是公務倫理可明確操作的部分

　　由倫理道德提升為倫理法制，不只是外在形式以條文呈現的改變而已，也因其文字敘述較為明確、客觀、精準與具體，具有一致的標準，容易看懂，因而具有更高的可操作性，不致於因個人解讀不同而異其執行標準。縱或有所爭議，也以主管機關的解釋及司法院大法官會議的統一解釋為主。公務倫理法制顯然是較明確、可操作的部分。

（五）公務倫理法制是公務倫理必須一致遵守的部分

　　倫理道德雖是社會最大的共識，因具有普通性、親近性而成為大眾志願遵守的準則，不致於像宗教信仰「信者恆信，不信者恆不信」，存在巨大

的認知落差，不過在實踐上是否遵守？如何遵守？遵守到什麼程度？往往因人而異，但公務倫理一旦蛻化轉變爲公務倫理法制，即是全體公務員必須遵守的一致性規定，不再模糊不清。

（六）公務倫理法制是公務倫理可以課責處罰的部分

倫理道德與法律規定主要區別之一，是欠缺課責處罰的機制，縱有嚴重違反之情事，例如不孝順父母，頂多只有社會譴責而已。然而一旦入法，公權力即可介入，例如遺棄父母，即可依刑法第 295 條規定予以處罰。公務倫理既轉化爲公務倫理法制，即具有約束公務員的效果，如不遵守，即可依公務員懲戒法、公務人員考績法或相關規定予以課責及處罰。

要之，公務倫理法制之外在形式雖是法令規定，但其實質內涵仍是倫理道德；公務倫理的範圍雖可包括公務倫理法制，但公務倫理法制並不等於公務倫理。如上所述，公務倫理法制只是公務倫理中重要的部分、規範的部分、被法制吸收的部分、可明確操作的部分、必須一致遵守的部分與可以課責處罰的部分，吾人當不難理解。

貳、公務倫理法制化的理由

前已言及，倫理是指人與人之間如何應對相處的道理，公務倫理乃指政府機關中的公務員在處理公務及與他人相處時，應該遵循的倫理規範。公務倫理，亦可稱爲公務員倫理，或說是公務員服務倫理、公務員職業倫理、公務員專業倫理。儘管名稱不一，但指涉內容大致相當。

在儒家學說的倡導之下，我國傳統上一向十分重視倫理道德，早期五倫「父子有親、君臣有義、夫婦有別、長幼有序、朋友有信」的說法可爲明證。雖然清末民初民主法治學說傳入我國後，法律觀念與守法精神被廣

泛要求，倫理道德遂日漸式微，不復往昔。就本性言之，倫理道德也有不夠明確客觀、欠缺強制效力、偏重內心動機、淪於教條宣示等的先天困境，難以完全克服。不過近年來因爲法律規範不足以涵蓋全面，也難以鼓勵向善，爲彌補法令規範的不足、維持社會體制的穩定、協助政府業務的推展、增進人際關係的和諧，所以倫理道德受到空前的矚目與重視，連帶的公務倫理也得到進一步發展的契機。

　　法制（rule by law）與法治（rule of law）的意義不盡相同。所謂法制，一指靜態的法律制度，一指動態的制法作業流程；前者指涉範圍較廣，層級亦高，後者指涉範圍較狹，層級較低；兩者意義明顯有別。（如圖 1-4）若從國家社會角度言之，法制主要指法律制度。法制化者，乃將某一重要事項以有體系的法律制度，包括法律及行政命令，加以建構與規範之謂。做爲現代民主法治國家，一切依法而治，依中央法規標準法第 5 條規定，凡屬憲法或法律明文規定、國家各機關組織、涉及人民權利義務及其他重要事項，均須依法律保留原則爲之，法制範圍遂不斷擴張，法律密度也越來越趨細密。

　　所謂公務倫理法制化，是指將原本屬於公務倫理規範的事項，透過國家的力量，轉化爲以條文呈現的法令規範。公務倫理法制化，主要著眼於過程，而非實體。就本質而言，倫理道德與法律究有不同，故倫理道德應否法制化？能否法制化？歷來即有不同看法。

　　若從實質觀之，倫理道德與法律規範有所不同，不可同日而語，也不宜混爲一談。不過在倫理道德被高度肯定後，爲強化倫理道德的規範效力，將倫理道德法制化的呼聲就不絕於耳，公務倫理法制化的要求也始終未曾停歇。儘管有人認爲法律與倫理道德本質屬性各有不同，故倫理道德不應法制化；但多數還是認爲法制化是讓倫理道德內容推陳出新、更爲明確具體、更具執行效力、更符法治潮流的有效作法，故不排斥法制化的途徑；較有歧見的只是法制化到什麼程度而已。

申而言之，公務倫理法制化的主要理由有下述 3 點：

（一）使規範更加明確

多數倫理道德規範欠缺足夠的文字表述，或僅有模糊籠統的文字表述，因為不夠具體、明確及客觀，而陷入主觀與抽象的窘境，人人可根據其個人價值理念加以解讀與各取所需，所以不易形成一致的遵循共識。如果要將這些內涵予以法制化，勢必得以文字更加精確、周延、具體表述出來，規範內涵因此就會較為明確具體，較易得到客觀一致的認知。所以為使文字規範更加明確，公務員倫理事項予以法制化，洵有必要。

（二）讓執行更具效力

倫理道德因有人情親疏之別，故有等差，只能形成大致上的社會共識，不易成為眾所遵循的一致準繩；加上沒有國家公權力的介入，欠缺足夠的強制力與制裁力，所以執行的效力全繫於個人的一念之間，不易掌握。不過在法制化後，倫理道德內涵已轉化為法令規範，國家公權力勢必介入，已由不得個人主觀上是否願意遵守，而是在客觀上都被迫必須遵守，因此執行成效乃可進一步確保。職是，為使執行效力更見彰顯與提高，公務員倫理事項予以法制化，顯然有其必要。

（三）較符合法治潮流

在近代民主法治思潮興起後，法律規範已逐漸取代倫理道德與宗教，而成為社會大眾的行事準繩。所有涉及國家政府體制、人民權利義務及重大政策等事項，無不以法律加以規範，因此法律雖不是社會規範的「唯一」，卻是「重要之一」。倫理道德內涵如能被法律所吸收，轉化蛻變為法規範的一部分，自是符合法治國的時代潮流。

正因爲上述理由，公務倫理法制化乃有其必要，亦顯現其價值。

參、公務倫理法制化的原則

如上所述，爲使規範更加明確、執行更具效力、更符法治潮流，公務倫理法制化已是一條不得不走的道路；不過因爲本質不易法制、教條流於宣示、抽象難以執行，所以欲全面法制化也有其困難。最可行的乃是局部法制化，選擇有共識者、能與時俱進者、配合環境需要者，逐步緩進的加以吸收及轉化，使倫理規範轉變爲法令規範。

申而言之，爲使公務倫理事項在法制化的過程中能夠落實執行，下述4點原則不能不特別注意：

（一）堅持人權標的

維護及尊重人權，既是普世價值，也是各國政府積極追求的施政目標。所謂人權，簡單的講，就是做爲一個人所應該擁有的、不被剝奪的基本權利，大致包括生命權、自由權、平等權、財產權、受益權與參政權等。以平等權言之，公務員倫理事項有時難免會有人情、等差與檯面下的考量牽涉其間，做爲「潛規則」的一部分，其實已有不妥；一旦要轉化爲公開的法令規範，更應注意到公平、客觀的尺度問題。易言之，在倫理法制化的過程中，完全要以正義公平的人權標準做爲衡量依據，絕對不容許偏差。

（二）透過民主程序

倫理規範之所以要法制化，主要是認爲有此需要，卻又難有成效，故思藉由轉化爲法律的作法，用以強化其執行成效。此一目的固屬正當，不過在法制化過程中，一定要恪遵和平理性、多數參與、尋求共識、遵循程

序正義的民主途徑獲得。因為民主與法治正如鳥之雙翼、車之兩輪，彼此相輔相成，不論法治之目的多麼崇高與正當，也絕不能以犧牲民主程序的方式去取得；相反的，亦不能一味追求民主，卻踐踏法治的權威與尊嚴。

（三）明確具體表述

倫理規範與法律規範基本上都屬於抽象的社會規範，不過相較之下，倫理規範更為模糊抽象，以致不易有客觀一致之標準。法律規範則以明確性做為其追求鵠的，雖也有些抽象，但已走下講台，可做為實務操作的依據；如有模糊或爭議之處，則可透過有權機關的解釋，予以解決。因此倫理規範如要轉化為法律規範，勢必要運用更多的、更具體的、更周延的文字去表述，方符法治之旨。

（四）加強教育宣導

不論倫理規範或法律規範，都必須透過長期的教育及短期的宣導，讓眾人知道此一規定的內容，甚至是規定的背後因素與重要性，才能達到「知法守法」的目的，避免「不教而殺謂之虐」的憾事發生。倫理事項法制化後，意味著國家公權力的介入，此後不再是任意的遵守或選擇性的遵守，而是被迫的遵守。因此為減少違法者的人數，提高法規的執行效果，重複不斷的加強教育宣導，允有必要。

綜上所述，公務倫理事項法制化到什麼程度，目前固無定論，然而法制化的作為卻也不是可以隨意為之，而是有其遵循的原則。惟有注意這些原則，乃能確保公務倫理法制化的成功。

肆、公務倫理法制化的分析

在我國，倫理道德可謂源遠流長、深入人心；公務倫理則是個近來漸受重視的課題，理念雖源自歐美，內涵卻承襲我國傳統。因此談公務倫理，自然離不開傳統倫理道德。不論就本質或範疇而言，公務倫理都是倫理道德的一環；有許多傳統倫理道德的德目甚至直接作為公務倫理的內涵。當然如果能夠吸收西方現代的法治觀念，更能確立公務倫理的法治基礎。（蕭武桐，1996：138）

前言之，法律與倫理道德本是兩件不同的事物，在性質、淵源、目的、功能、範圍、對象、效果與憑藉等方面均有不同。二者分屬不同層次，前者以規範行為與結果為主，並有國家武力作為後盾；後者以規範內心動機為主，僅有個人良心與社會清議做為依靠，兩者交集本來雖有但不多。不過因為近年來，倫理道德德目與內涵不斷的被法規範所吸收，因而成為法規範的一部分，使得兩者產生碰觸的火花，也使得公務倫理的法制化課題躍上檯面。

有人基於：1.公共事務的執行最終還是根據法律；2.提供懲罰的條款；3.樹立範例等理由，贊成倫理立法。但也有人基於：1.很難去執行；2.沒有細節與特殊情況的規定；3.如認真執行，恐會腐蝕政府員工的士氣等理由，反對倫理立法。（蕭武桐，1996：81）因而使得公務倫理是否法制化的問題充滿爭議，陷於各說各話的困局。茲就應然面與實然面分述之。

一、在應然面的分析

正因為法律在現代社會中具有相當重要且無可替代的功能價值，文明人類的爭端最後都得透過法律手段加以解決；也因為公務倫理在公務員行為舉止中具有無與倫比的重要地位，卻沒有足夠的制裁力量，難以提高其執行成效。職是，近來有人主張應將公務倫理以法規形式表現出來，包括

法律或行政命令，即予以法制化。其中最早法制化的是公務員服務法，晚近有公職人員財產申報法、公職人員利益衝突迴避法、公務人員行政中立法、公務員廉政倫理規範、公務人員服務守則等，這些原本屬於倫理的義務，一旦由法規加以規定，即成為法律的義務，非遵守不可。然而也有人認為公務倫理與法律兩者本是不同事物，不應法制化，實亦不無道理。

若就應然面予以分析，公務倫理應否法制化的立論主要有下列 3 種：

（一）全面法制化

此一主張不但認為公務倫理應予以法制化，而且要全部法制化，將所有公務倫理的德目與內涵全部以法規形式表現出來，藉以彌補現行法律之不足，提昇公務倫理之實效。

（二）部分法制化

此一主張認為公務倫理範圍不確定，概念不明確，如欲全面法制化必有理論上與實際上的困難，根本不可行。不過將部分重要事項予以法制化，卻是必要的，也是可行的，藉以發揮相輔相成、互為依恃的加乘效果。

（三）不應法制化

此一主張認為倫理的教義，較之法制更積極，更自然，亦更能深入於人心；公務倫理是公務倫理，法律是法律，兩者本是不同事物，分屬不同層次，性質有所不同，故維持在各自領域即可，根本不應法制化，方能避免矛盾，發揮各自效果。

就前述三項主張分析，全面法制化的結果勢將發生以法規全面取代公務倫理的效果，絕大多數屬於共識倫理的公務倫理將因此消失不見，取而代之的是欠缺彈性的法律義務，在現實上顯有困難，並不可行。而不應法

制化的主張有違「法與時轉則治」的精神,與法律不斷吸收各種社會文化、反應政策作為的潮流趨勢有所扞格,又與目前有部分法規屬公務倫理法制的現實不符,故亦非良善。較符合現實且周妥可行者厥惟部分法制化,蓋其僅將重要事項予以法制化,既符合法治潮流,又可保留相當彈性,同時兼顧理念與現實矣!

二、在實然面的分析

應然面是指在主觀價值上應不應該作為的抉擇與判斷,實然面是指在客觀價值上能不能夠作為的實際探討。前言之,在應然面,以公務倫理部分法制化的主張最能兼顧理想與現實,也最為可行。但在實然面呢?公務倫理法制化是否可行?會遭遇那些困難呢?謹分述如下:

(一)部分會有衝突

除非是特別法,所有法律都有全國一致的適用性,「法律之前,人人平等」,然而公務倫理德目與內涵的採擇,卻因個人家庭環境、教育背景、宗教信仰、價值理念、風俗人情等因素而有不同;也會因領導者的作風或組織文化的氛圍而異其趣。有的差異較小,有的卻大到矛盾衝突的地步。如要法制化,在取捨上必會陷入難以取捨的困境。

(二)淪於抽象宣示

公務倫理德目在本質上較為抽象模糊,既不具體,也不明確,縱然要法制化,以法條形式加以包裝,卻無法改變其語意與概念,一樣像倫理教條。看似強行規定的文字,因為不易客觀衡量及具體落實,最後落得可能只具有抽象宣示的意義。

（三）欠缺客觀標準

公務倫理德目雖是公務員約定俗成的共識，但在執行過程中仍取決於個人的取捨。由於公務倫理德目只有原則與方向，十分抽象與籠統，不易化爲精確的文字。在實務執行上，有的又太過瑣碎與細微，亦不符「法律明確性原則」，既不易法制化，也不利於日後的執行。

（四）受制人情困擾

倫理道德既是人際關係的規約，公務倫理就難免不受到人情的制約。由於有人情的考量，所以公務倫理不易轉化爲法律；縱使已轉化爲法律，日後也不易執行，落得最後「說一套、做一套」，徒具形式而已。

綜上述之，公務倫理在實然面是可以法制化的，只是必然會遭遇一些本質的與執行的困難。這些困難的克服與突破，勢將影響其法制化的進度與程度。對照已經法制化的公務倫理事項，吾人不能無感；對於正在研擬中的公務倫理法規，總有一些可以借鏡改進之處。

公務倫理到底應否法制化，能否法制化，如上所云，最近被廣泛的討論。在應然面，雖然全面法制化、部分法制化與不應法制化等三種主張各有其立意，但基本上應以部分法制化較爲周妥可行。而在實然面，於法制化的過程中，難免會遭遇一些困難，亦恐影響法制化的進度與程度；所以能否法制化，卻充滿變數。

要之，公務倫理在應然面可以擇重要部分法制化，在實然面卻不一定能夠法制化。美國公共行政學會（ASPA）積極推動，後經國會制定的政府倫理法（Ethics in Government Act），固然可供我國參考借鏡。但某一倫理事項法制化與否，仍然有賴於政府推動的決心、社會環境的氛圍及公務員的接受程度。

伍、公務倫理法制化的途徑

「化」，有許多意義，其中之一是指無形的改變（國語日報辭典，2011：244），這是個進行式，是動態的過程。所謂法制化，是指轉化為法制的過程；乃將某一重要事項以有體系的法律制度，包括法律及行政命令，加以建構及規範之謂。法制化的來源，可能是宗教教義、文化或倫理道德、國外法律、學說理論、政府施政計畫或藍圖，甚至領導者、有權力者某人的理念想法，都可能經由立法機關或具有權責的主管機關，依法定程序轉化為法令規定，因而具有法的效力。所謂途徑，就是路徑、路線，或比喻學習及辦事的方法（國語日報辭典，2011：1753）；一般所指的研究途徑、路徑圖即是。法制化的途徑是指轉化為法制的過程中，此一過程應有的必要方法。格於主客觀因素的考量，某一途徑可能是「唯一」，但也可能是「之一」。

公務倫理法制化是從公務倫理蛻化成為公務倫理法制的必經之路，它上連公務倫理，下接公務倫理法制，本身是個動態的過程，而非具體的實象。經由此一過程，公務倫理不再只是倫理道德的一部分，而是具有約束效力的法規範；它的內涵雖仍有倫理道德的成分，但外形則是不折不扣的法規，所以一般法規該有的要件與特性，它一樣不缺。

公務倫理的內涵既廣且抽象，其範圍亦無邊界可言，欲予以法制化，本有不易，究應如何始是可行途徑呢？謹說明如下：

（一）縮小範圍

欲將公務倫理全面法制化，既不切實際，亦不可行。可行的作法是內縮其領域與範圍，首先與公務倫理無關的部分予以排除，其次是不重要的、不夠具體明確的、不易執行的部分加以摒除。只有如此縮小範圍的作法，才能集中心志，克竟有功。

（二）突出重點

在法制化途徑中光是縮小範圍是不夠的，格於時間的侷限、資源的匱乏、輿論關注的改變等因素的考量，仍有必要選擇其重點而為之。相對較好的作法是只針對具有政治意涵的、特別重要的、容易發生弊端的、眾人矚目的公務倫理內涵，例如忠誠、清廉、關懷、服務等德目予以規範，也就是說由全面退縮為部分的面，再凝聚縮小為數點，只針對某些特定德目即可。

（三）提升層級

法律與倫理道德二者分屬不同的領域，本無層級高低之別，不過如果從明確性與規範效力言之，法律明顯略勝一籌。既然是將公務倫理透過法制化的途徑提升為公務倫理法制，其載重即不可過重，其規範亦必須符合法制作業規範，朝客觀、具體、明確、可行的方向，以條文方式予以規定。較重要者以法律明定，次要者以法規命令規定，再次者以職務命令規定，甚或以工作公約的形式呈現。

（四）逐步進行

立法資源是有限的，各國皆然，不論人力、物資、時間等都有其侷限性，不可能滿足立法者的所有要求，特別是立法過程的折衝與妥協，更使得個別法案通過時間不停的向後延伸，因此行政機關必須排定其待審法案的優先次序，也必須善用場外的資源，例如與關心的立法委員事先多方溝通，與相關的利益團體溝通協調等，方能化解立法過程的阻力與障礙，順利通過法案。這也就是說儘管已擇定欲法制化的重點項目，仍須視其迫切的程度逐步為之。

（五）具體描述

倫理道德的內涵雖廣，但其德目所用字數十分簡約，從不同的觀點解讀，往往有不同的答案，甚或出現對立或矛盾的結果，這是倫理道德與法令規定的主要區別之一，也是公務倫理法制化的難題所在。所以必須透過更精確的、更具體的、更客觀的、更多文字的描述，才能減少模糊空間，不再各說各話，使之具有一致性的標準，方能轉化為人人共同遵守的法令規定。

（六）降低標準

倫理道德德目的解讀雖然見仁見智，各有不同，然而其標準往往較諸法律為高，所以常言道：法律只是最低限度的倫理道德。欲將公務倫理內涵法制化，除應齊一標準外，更應降低不及格標準，方能減少違反者的人數，確保法的權威與執行效力，所謂「法不罰眾」是也。俟執行一段時間著有成效後，再提高其及格標準，則無不可。

要之，途徑乃必要之作法，經由前述 6 個途徑，公務倫理法制化乃有實踐的可行性，此後公務倫理不再只是共識性的公務倫理，而是具有規範性的公務倫理法制。透過此一改變與蛻化的過程，其內涵雖仍有倫理道德的成分，但其外形、位階與執行效力，已是不折不扣的法規，公務倫理法制化的目的已然達到。

陸、公務倫理法制化的困境

由上所述，可知將公務倫理事項予以法制化是有其重要的意義，值得推動；然而在法制化的過程中也難免會遭遇許多質疑，面臨一些困境。茲分別說明如下：

（一）本質不易法制，難以轉化

倫理道德內涵甚廣，即以公務員倫理事項而言，亦頗廣泛，有些涉及人情因素，有些是較高標準的要求，有些不具高度社會共識，有些與公平正義的本旨不盡相符，有些只是檯面下的潛規則，不宜拿到檯面上談，更不適合以文字表述。這些本質上的困難，使得倫理法制化的程度受到很大的影響。

（二）流於教條宣示，難以明確

倫理道德內容雖然透過有權機關的條文化，並按一定程序進行，即可完成法制化，然而其文字表述仍不易明確具體表達出來，教條宣示的意味仍難以去除。原欲將倫理法制化，結果反而使得這些規範看起來像是道德守則或公約，徒具形式的象徵意義，而不具實質上的操作價值。

（三）不夠具體客觀，難以落實

法律規範貴在明確具體，摒除人情，方能有利於遵守與執行。有人批評檢察官查察賄選標準不一，但在法務部前部長陳定南明確規定以新臺幣30元爲標準後，儘管仍有人批評失諸嚴苛，但至少檢察官的執行標準已趨一致，不再因人因案而異。除非這些法制化後具有倫理性的法令規範能如前述明定具體標準，否則模糊、籠統、抽象，難以落實，不易執行的困境就無法擺脫。

職是之故，將公務倫理內涵予以法制化，雖是一條可行的道路，也符合多數人的期待，但顯然不是一條康莊大道。就目的言，雖有其重要意義與價值；但在過程中，卻也充滿困難。由上所述，當知公務倫理既不能，也無法全面法制化；只能局部的、緩進的、配合時勢需要的、挑選已有高度共識的事項進行法制化。當瞭解前述理由後，在應然面自會強化吾人的

堅持；而在瞭解其困境後，在實然面也會提醒吾人謹慎爲之。

第六章 公務倫理法制

壹、公務倫理法制概況

民國成立，連年戰亂，法制不備、法治難以實施。不過中央政府遷臺以後，勵精圖治，財經富裕，教育普及，民智已開，法制逐漸完備。立法院每一屆期所制定或修正的法案數均在數百之上，以第六屆（民國94年2月至97年1月）爲例，計通過法律案408件。（周萬來，2008：269）至於第七屆（民國97年2月至101年1月）則通過684件。（立法院全球資訊網）

世界先進國家不乏制定公務倫理規範之先例，英國即訂頒有政府倫理法、公共服務守則（The Civil Service Code）等法規。加拿大訂頒有公共服務價值與倫理法（Values and Ethics Code for the Public Service），日本則以國家公務員倫理法爲主，至於新加坡係訂頒行爲與紀律準則（Conduct and Discipline），作爲其公務員之倫理規範。（公務人員保障暨培訓委員會，2011：24）經濟合作暨發展組織（OECD）亦於1998年建議各會員國應建立有效的機構體系，以改善公共機構的倫理行爲。（王偉，2001：387）

美國最早於1883年通過文官法（The Pendleton Act），以爲統整規範，復於1939年通過赫奇政治活動法（The Hatch Political Activities Act），1978年通過政府倫理法（Ethics in Government Act），並據此成立政府倫理局（Office of Government Ethics），以爲執行機構；1989年政府倫理法再度修正，布希總統亦頒布倫理行爲守則（Principles of Ethical Conduct）。此外，美國國會亦分別制定或修正與公務倫理相關的法案，如聯邦選舉法（1974

年）、檢察長法（1978 年）、文官改革法（1978 年）、聯邦管理者財務廉潔法（1982 年）、政府倫理局權威強化法（1988 年）、聯邦採購政策法修正案（1988 年）、弊端揭發人保護法（1989 年）、倫理改革法（1989 年）、財政首長法（1990 年）、赫奇法修正案（1993 年）、獨立檢察官權威強化法（1994 年）、國會收支饋贈之改革（1995 年）、遊說公開法（1995 年）等多項法案。（公務人員保障暨培訓委員會，2011：25）

其他較不為人注意，但亦屬重要的公務倫理規範，尚包括：美國第 12674 號命令（Executive order 12674 of April 12, 1989）中，所確立之 14 條政府公務員及員工倫理行為準則（Principle of ethical conduct for Government officers and employee），日本「國務大臣、副大臣暨大臣政務官規範」，新加坡「部長行為準則」等。這些規定，都有值得我國借鏡與學習之處。

我國最早出現的公務倫理法制，可追溯自民國 28 年 10 月國民政府制定公布的公務員服務法，但彼時並無倫理法制化的概念。晚近出現的公務倫理法制，以民國 82 年 7 月制定公布的公職人員財產申報法為開端，其後於 88 年 1 月制定公布立法委員行為法，89 年 7 月制定公布公職人員利益衝突迴避法，96 年 8 月制定公布遊說法，98 年 6 月制定公布公務人員行政中立法，100 年 7 月制定公布法官法等。在授權命令，則有行政院於 88 年 4 月訂定發布的採購人員倫理準則，101 年 1 月訂定發布的檢察官倫理規範，司法院 101 年 1 月訂定發布的法官倫理規範等。職權命令則有行政院於 97 年 8 月訂定發布施行，並於 99 年 7 月修正發布的公務員廉政倫理規範，考試院於 99 年 3 月訂定發布的公務人員服務守則等。正在法制化的過程，仍未三讀通過的則有政務人員法草案、涉及國家安全或重大利益公務人員查核條例草案等。

因篇幅所限，本書未能探究所有公務倫理法制，謹擇其較重要的、一般性的探討之。在法律層次部分，僅探討公務員服務法、公務人員行政中立法、公職人員財產申報法與公職人員利益衝突迴避法等 4 個法律；在行

政命令層次部分，僅探討公務員廉政倫理規範與公務人員服務守則等 2 個行政命令。（如圖 6-1）

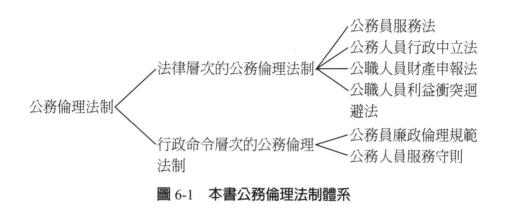

　　　　　　　　　　　　　　　　　　　　公務員服務法
　　　　　　　　　　　　　　　　　　　　公務人員行政中立法
　　　　　　　　法律層次的公務倫理法制 ◀── 公職人員財產申報法
　　　　　　　　　　　　　　　　　　　　公職人員利益衝突迴
　　　　　　　　　　　　　　　　　　　　避法
公務倫理法制 ◀
　　　　　　　　　　　　　　　　　　　　公務員廉政倫理規範
　　　　　　　　行政命令層次的公務倫理 ◀── 公務人員服務守則
　　　　　　　　法制

圖 6-1　本書公務倫理法制體系

貳、公務員服務法概述

一、前言

　　服務，係指供職、履行職務，或廣泛的替別人做事之意。（國語日報辭典，2011：861）公務員服務，係指公務員從事服務期間之地位、身分、權利、義務、責任、立場、態度、紀律、保障、倫理等有關事項。（徐有守，2007：501）公務員服務法乃我國當前規範公務員一般性服務事項的主要法律，也是無所不在而具有高度倫理意涵的重要法律。它係行憲前即由國民政府制定公布並施行迄今的公務員法，歷史悠久，影響深遠。主要規範全體公務員的服務義務，另也賦予公務員請假權利，以及違反規定義務者之處罰。所有公務員均受其拘束與規範，甚至在離職後一段期間因特定事項仍受約束。

公務員服務法制定公布於民國 28 年 10 月 23 日，全文凡 25 條，其後曾分別於 32 年 1 月、36 年 7 月、85 年 1 月三度修正公布部分條文。最近一次在 89 年 7 月修正，為賦予公務員週休二日之權利，因而修正公布第 11 條條文規定。

二、規範要點

現行公務員服務法乃就公務員服務倫理事項予以綜合性的規範，計有 25 條條文，除施行日期規定外，主要規範適用對象、各種行為義務、一項請假權利以及違反義務時之處罰。其中義務規定最多，依其性質又可分為應作為之義務與不得作為之義務兩大類。茲擇要說明如次：

（一）適用人員範圍

依本法第 24 條規定「本法於受有俸給之文武職公務員，及其他公營事業機關服務人員，均適用之。」可知公務員服務法適用範圍頗廣。依司法院大法官會議釋字第 308 號解釋，除不包括未兼行政職務之公立學校聘任教師外，已將傳統所謂的軍公教及公營事業人員幾乎全部涵蓋在內，斯即廣義的公務員範圍。在法律適用上，此一公務員適用範圍僅次於刑法、國家賠償法之規定。

（二）具體作為義務

本法第 2 條及第 3 條規定公務員有服從命令之義務，又第 8 條有關就職期限規定，第 9 條有關出差規定，可謂是公務員服務法中唯一較具體的作為義務。第 2 條規定「長官就其監督範圍以內所發命令，屬官有服從之義務。但屬官對於長官所發命令，如有意見，得隨時陳述。」第 3 條規定「公務員對於兩級長官同時所發命令，以上級長官之命令為準。主管長官與兼管長官同時所發命令，以主管長官之命令為準。」已明白道出公務員

服從義務係採相對服從之意見陳述說，且服從順序是以上級主管長官為準。第8條規定「公務員接奉任狀後，除程期外，應於一個月內就職。但具有正當事由，經主管高級長官特許者，得延長之，其延長期間以一個月為限。」第9條規定「公務員奉派出差，至遲應於一星期內出發，不得藉故遲延，或私自回籍，或往其他地方逗留。」以上兩條規定，通常均劃歸執行職務之義務，惟其時間規定頗為具體明確。

（三）抽象作為義務

本法第1條規定「公務員應遵守誓言，忠心努力，依法律命令所定，執行其職務。」其前半段一般謂之忠實義務；後半段則稱為執行職務義務。又第10條規定「公務員未奉長官核准，不得擅離職守；其出差者亦同。」第11條第1項規定「公務員辦公，應依法定時間，不得遲到早退」，亦為有關忠實之義務。第5條規定「公務員應誠實清廉，謹慎勤勉，不得有驕恣貪惰，奢侈放蕩，及冶遊賭博，吸食煙毒等，足以損失名譽之行為。」一般稱為保持品位義務，後半段可說是不得作為義務。又第17條規定「公務員執行職務時，遇有涉及本身或其家族之利害事件，應行迴避。」是為利益迴避義務。由於這些條文規定較為抽象，不夠明確具體，因此這4種義務可說是抽象作為義務。

（四）絕對不得作為義務

本法第4條第1項規定「公務員有絕對保守政府機關機密之義務，對於機密事件，無論是否主管事務，均不得洩密，退職後亦同。」可謂是保守秘密義務，也可說是絕對不得作為義務。第6條規定「公務員不得假借權力，以圖本身或他人利益，並不得利用職務上之機會，加損害於人。」第15條規定「公務員對於屬官不得推薦人員，並不得就其主管事件，有所關說或請託。」第16條規定「公務員有隸屬關係者，無論涉及職務與否，

不得贈受財物。公務員於所辦事件，不得收受任何餽贈。」第 18 條規定「公
務員不得利用視察調查等機會，接受地方官民之招待或餽贈。」這四條規
定的情況各有不同，惟均屬沒有附帶條件之絕對不得作為義務。

（五）相對不得作為義務

　　本法第 4 條第 2 項規定「公務員未得長官許可，不得以私人或代表機
關名義，任意發表有關職務之談話。」第 11 條第 1 項規定「公務員辦公，
應依法定時間，不得遲到早退，其有特別職務經長官許可者，不在此限。」
第 12 條第 1 項規定「公務員除因婚、喪、疾病、分娩或其他正當事由外，
不得請假。」第 13 條規定「公務員不得經營商業或投機事業。但投資於非
屬其服務機關監督之農、工、礦、交通或新聞出版事業，為股份有限公司
股東、兩合公司之有限責任股東，或非執行業務之有限公司股東，而其所
有股份總額未超過其所投資公司股本總額百分之十者，不在此限。公務員
非依法不得兼公營事業機關或公司代表官股之董事或監察人。」第 14 條規
定「公務員除法令所規定外，不得兼任他項公職或業務。其依法令兼職者，
不得兼薪及兼領公費。」第 14 條之 1 規定「公務員於其離職後三年內，不
得擔任與其離職前五年內之職務直接相關之營利事業董事、監察人、經理、
執行業務之股東或顧問。」第 19 條規定「公務員非因職務之需要，不得動
用公物或支用公款。」第 21 條規定「公務員對於左列各款與其職務有關係
者，不得私相借貸，訂立互利契約，或享受其他不正利益：一、承辦本機
關或所屬機關之工程者。二、經營本機關或所屬事業來往款項之銀行錢
莊。三、承辦本機關或所屬事業公用物品之商號。四、受有官署補助費
者。」這些規定並非限制公務員絕對不得作為的義務，而是設有除外條件
或一定範圍的相對不得作為義務。

（六）休假請假權利法源

依本法第 11 條第 2 項規定「公務員每週應有二日之休息，作為例假。業務性質特殊之機關，得以輪休或其他彈性方式行之。」同條第 3 項規定「前項規定自民國九十年一月一日起實施，其辦法由行政院會同考試院定之。」第 12 條規定「公務員除因婚、喪、疾病、或其他正當事由外，不得請假。公務員請假規則，以命令定之。」可知週休二日是公務員的法定權利，至於請假、休假之權利，公務員服務法只是賦予法源，另授權訂定公務員請假規則，這也是公務員服務法中唯一給予公務員權利之所在。

（七）違反義務者之處罰

本法第 13 條第 3 項規定「公務員利用權力、公款或公務上秘密消息而圖利者，依刑法第一百三十一條處斷，其他法令有特別處罰規定者，依其規定。其離職者，亦同。」同條第 4 項規定「公務員違反第一項、第二項或第三項之規定者，應先予撤職。」第 22 條規定「公務員有違反本法者，應按情節輕重，分別予以懲處；其觸犯刑事法令者，並依各該法令處罰。」第 22 條之 1 規定「離職公務員違反本法第十四條之一者，處二年以下有期徒刑，得併科新臺幣一百萬元以下罰金。犯前項之罪者，所得之利益沒收之。如全部或一部不能沒收時，追徵其價額。」第 23 條規定「公務員有違反本法之行為，該管長官知情而不依法處置者，應受懲戒。」依這 4 條條文規定觀之，公務員違反法定義務者，可分別依刑法、公務員懲戒法、公務人員考績法及其他相關法令予以制裁或處罰。

由上述規定觀之，公務員服務法主要是規範公務員的 6 種義務、1 種權利與 3 種制裁方式。其中最重要的是行為義務，主要是將原屬倫理道德的義務，提升至法律位階，予以明文規定；雖以職務規範為主，但也包括日常行為在內。易言之，係以公務員之「身分」為認定基準，而非只限於

公務員之「職務」。就數量種類而言，以義務規定佔絕大多數，其中抽象義務規定多於具體義務規定，相對不得作為義務多於絕對不得作為義務，而絕對不得作為義務又多於具體作為義務。例假、請假與休假之權利，則是公務員服務法中的唯一權利規範。至於違反義務者之處罰規定，雖僅區區4條，惟就確保公務員履行義務的效果而言，已有莫大的助益。

三、主要特色

公務員服務法的主要特色，要如下述 7 點：

（一）歷史悠久制定甚早

公務員服務法在民國 28 年對日抗戰期間由國民政府制定公布，已逾七十餘年，雖已四度局部修正，惟主要規範架構並無變更。其間歷經抗戰、剿共、動員戡亂、解嚴等不同時代，可謂是我國少數在行憲前即已制定公布施行，迄至目前仍繼續適用的公務員法律。在制定時序上，雖較考試法、宣誓條例、公務人員交代條例晚些，但前者已為公務人員考試法、專門職業及技術人員考試法取而代之，不復存在；而後二者均已全文修正，制定當時的基本精神多少已有改變。就此一角度而言，公務員服務法在公務員法制史上，應有其重要的地位。

（二）適用範圍文武通用

軍人雖與公教人員同為領受國家薪俸的廣義公務員，惟其工作性質終究與一般文職公務人員有所差異。職是，我國一向秉持「文武分治」的理念，不但憲法第 140 條明文規定現役軍人不得兼任文官，而且針對相同事項，例如任用、保險、退休、撫卹事項，多數法律均分別對軍人及公務人員加以規定。不過在服務事項，軍人與一般文職公務人員卻無區隔，適用同一法律，這也是其特殊之處。

（三）爲管理需要而立法

多數公務員人事法律在制定之際，均站在政府機關之立場，爲管理公務員之需要與方便而制定，而非以照顧公務員爲出發點，公務員服務法自無例外。尤有進者，在早期絕對權威時期，公務員服務法的規定更爲嚴苛，處處使用嚴峻與強制性的語句，似乎把公務員當成不懂事的小學生管理，比起其他法規的規定顯然嚴苛許多。

（四）倫理道德意味濃厚

公務員服務法多數條文規定，皆是倫理道德意味濃厚的教條，甚至可說其本質就是以法律包裝的倫理道德。不但模糊抽象、不夠具體，而且充滿訓示口氣，動輒處罰隨之，如果不看條次，說不定有人還會誤以爲是誰擬就的工作守則或生活公約呢？法律與倫理道德的分際模糊、混淆在一起的情形，本法堪稱爲最。

（五）不得作爲義務居多

如前所述，公務員服務法除少數條文規範適用對象、放假及請假權利、施行日期、違反義務者之處罰外，其他多數條文均規範公務員各種義務，其中又以不得作爲義務之規定佔最多，包括相對不得作爲義務與絕對不得作爲義務兩種，幾佔全部條文三分之二以上。與其他法律相較，顯然大有不同。

（六）多種處罰併存其間

公務員服務法中有關處罰規定的條文並不多，只有第 13 條等 4 條條文，惟其處罰形式，除得依公務員懲戒法及公務人員考績法等法令分別予以懲罰外，尚可依刑事法律予以追究，例如違反第 14 條之 1 所謂旋轉門條款

者，可處二年以下有期徒刑，得併科新臺幣一百萬元以下罰金；使得本法具有特別刑法的性質。又公務員違反義務，其長官知情而不依法處置者，亦應受懲戒之規定；使得本法超脫僅處罰當事人之個人主義思維，而具有連坐法的意義。此一處罰規定，其他法律亦甚少見。

（七）未有明確主管機關

近年制定的作用法，除少數依其立法意旨或相關條文規定即可知其主管機關者外，大多數均明確規定主管機關。然而公務員服務法並未如此，以致於從機關職掌觀之，目前考試院、監察院、行政院均是院級相關主管機關，甚至司法院亦不能置身事外，至於部級機關雖以銓敘部為主，但法務部、行政院人事行政總處也都可以湊上一腳。這些都是因未明確規定主管機關的緣故。

綜上述之，公務員服務法是個「爺爺級」的老法律，有其與眾不同的7 個特色。因為這些特色，使得公務員服務法與其他有關公務員的法律有所區隔，也讓公務員服務法能夠施行迄今。

四、小結

公務員服務法是一部歷史悠久、頗有特色的公務員人事法律，它在歷經七十多年的施行後，已有四度修正。不但適用對象最多最廣，多數條文均有倫理道德的意味，訓示公務員這不能做，那不能做，表達語氣十分嚴竣且抽象，國家與公務員之間的特別權力關係反應在字裡行間。就像緊箍咒一樣，本法緊緊約束每一個公務員，凡違反義務者，不但可依公務員懲戒法、公務人員考績法等法令懲罰，若有違反個別具體條文者，尚可依刑法予以追究處罰；其規定不可謂不嚴苛。

參、公務人員行政中立法概述

一、前言

　　行政中立（administrative neutrality）乃現代民主政治體制之下，公務人員對於政黨或政治活動所應信守的倫理價值。公務人員行政中立法是具有高度倫理意涵的法律，不獨是規範我國常任文官遵守行政中立事項的專門法律，也是當前全世界僅就行政中立單一事項予以規定的唯一法律。

　　行政中立的概念，源自德國社會學家韋伯（M. Weber）所提「價值中立」（A. Bagchi，1972：339），與美國政治學家威爾遜（W. Wilson）主張「行政與政治可以分開」（W. Wilson，1887：197）兩者的結合。所謂行政中立，學者見解不一，不過大致上是指政府機關的公務人員應依法執行公務，不涉入政黨或政治活動，並以同一標準服務社會大眾，不因政黨屬性或個人價值等因素而改變其態度與作法。常見之相關名詞包括文官中立、政治中立、公務員之中立等。（許濱松，1995：476）

　　美國國會於 1939 年通過赫奇政治活動法（The Hatch Political Activities Act），可謂全世界最早有關行政中立單一事項的立法；但已於 1993 年修正而納入聯邦公務員法典（第 5 篇第 76323 條）。我國於民國 83 年 12 月考試院研擬公務人員行政中立法草案函請立法院審議，可惜因朝野立法委員歧見甚大，及「屆期不予繼續審議」之故，本法延宕 15 年之後，終於制定公布施行，至屬不易。

二、規範重點

　　本法乃規範公務人員行政中立單一事項的倫理義務，係在 98 年 5 月 19 日經立法院三讀通過，並經總統同年 6 月 10 日公布；其後復於 103 年 11 月修正第 5 條、第 9 條、第 17 條條文。全文共有 20 條條文，不分章節，其

主要規範重點如下：

（一）立法目的與位階

本法第 1 條明定立法目的，乃為確保公務人員依法行政、執行公正、政治中立，並適度規範公務人員參與政治活動。又規定公務人員行政中立，依本法之規定；本法未規定或其他法律另有嚴格規定者，適用其他有關之法律。以確立本法之法律位階。

（二）適用與準用人員

本法第 2 條規定，法定機關依法任用、派用之有給專任人員及公立學校依法任用之職員，乃本法之適用對象。又第 17 條、第 18 條規定準用對象如下：

1.公立學校校長及公立學校兼任行政職務之教師。

2.教育人員任用條例公布施行前已進用未納入銓敘之公立學校職員，及私立學校改制為公立學校未具任用資格之留用職員。

3.公立社會教育機構專業人員及公立學術研究機構兼任行政職務之研究人員。

4.各級行政機關具軍職身分之人員，及各級教育行政主管機關軍訓單位或各級學校之軍訓教官。

5.各機關及公立學校依法聘用、僱用人員。

6.公營事業對經營政策負有主要決策之人員。

7.經正式任用為公務人員前，實施學習或訓練人員。

8.行政法人有給專任人員。

9.代表政府或公股出任私法人之董事及監察人。

10.憲法或法律規定須超出黨派以外，依法獨立行使職權之政務人員。

（三）中立與公正原則

本法第 3 條、第 4 條明定公務人員應嚴守行政中立，依據法令執行職務，忠實推行政府政策，服務人民；亦應依法公正執行職務，不得對任何團體或個人予以差別待遇。

（四）參加政黨之規範

本法第 5 條規定，公務人員得加入政黨或其他政治團體，但不得兼任政黨或其他政治團體之職務；不得利用職務上之權力、機會或方法介入黨政派系紛爭；不得兼任公職候選人競選辦事處之職務。第 6 條亦規定，公務人員不得利用職務上之權力、機會或方法，使他人加入或不加入政黨或其他政治團體；亦不得要求他人參加或不參加政黨或其他政治團體有關之選舉活動。

（五）上班時間之規範

本法第 7 條規定略以，公務人員不得於上班或勤務時間，從事政黨或其他政治團體之活動；但依其業務性質，執行職務之必要行為，不在此限。

（六）職務行為之規範

本法第 8 條規定，公務人員不得利用職務上之權力、機會或方法，為政黨、其他政治團體或擬參選人要求、期約或收受金錢、物品或其他利益

之捐助；亦不得阻止或妨礙他人為特定政黨、其他政治團體或擬參選人依法募款之活動。

（七）政治活動之規範

本法第 9 條規定，公務人員不得為支持或反對特定之政黨、其他政治團體或公職候選人，從事下列政治活動或行為：

1.動用行政資源編印製、散發、張貼文書、圖畫、其他宣傳品或辦理相關活動。

2.在辦公場所懸掛、張貼、穿戴或標示特定政黨、其他政治團體或公職候選人之旗幟、徽章或服飾。

3.主持集會、發起遊行或領導連署活動。

4.在大眾傳播媒體具銜或具名廣告。但公職候選人之配偶及二親等以內血親、姻親只具名不具銜者，不在此限。

5.對職務相關人員或其職務對象表達指示。

6.公開為公職候選人站台、遊行或拜票。但公職候選人之配偶及二親等以內血親、姻親，不在此限。

（八）選舉事務之規範

本法第 10 條規定，公務人員對於公職人員之選舉、罷免或公民投票，不得利用職務上之權力、機會或方法，要求他人不行使投票權或為一定之行使。第 11 條規定，如公務人員登記為公職候選人者，自候選人名單公告之日起至投票日止，應依規定請事假或休假；長官不得拒絕。又第 12 條規定，公務人員於職務上掌管之行政資源，固得受理或不受理政黨、其他政

治團體或公職候選人依法申請之事項，惟其裁量應秉持公正、公平之立場處理，不得有差別待遇。此外，第 13 條規定，各機關首長或主管人員於選舉委員會發布選舉公告日起至投票日止之選舉期間，應禁止政黨、公職候選人或其支持者之造訪活動；並應於辦公、活動場所之各出入口明顯處所，張貼禁止競選活動之告示。

（九）處罰與救濟規定

本法第 14 條規定，長官不得要求公務人員從事本法禁止之行為。如長官違反此一規定者，公務人員得檢具相關事證向該長官之上級長官提出報告，並由上級長官依法處理；未依法處理者，以失職論，公務人員並得向監察院檢舉。又第 15 條規定，公務人員依法享有之權利，不得因拒絕從事本法禁止之行為而遭受不公平對待或不利處分。如遭受不公平對待或不利處分時，得依公務人員保障法及其他有關法令之規定，請求救濟。再者，第 16 條明定公務人員違反本法時，應按情節輕重，依公務員懲戒法、公務人員考績法或其他相關法規予以懲戒或懲處；其涉及其他法律責任者，依有關法律處理之。

要之，本法乃規範公務人員行政中立的專法，只就行政中立的主要事項及相關事項加以規定，條文數僅有 20 條，其規範重點不外上述 9 點，可謂不多。不過行政中立的界限範圍、衡量尺度等主要規範內容，卻是鉅細靡遺，沒有遺漏。

三、規範特色

從前面的摘述中，可以歸納得知公務人員行政中立法具有下述 5 個特色。謹分述如次：

（一）常任文官一體適用

藉由對公務人員的定義，界定適用範圍是法定機關依法任用、派用之有給專任人員以及公立學校依法任用之職員。易言之，凡依公務人員任用法及派用人員派用條例進用且銓敘有案之常任文官，即爲適用對象，且其適用程度完全相同。此乃依公務員身分爲認定標準，而未如英國依其職務性質，區分爲政治自由類、政治限制類與中間類等 3 類，而異其適用規定；（考試院，1993：10）有以致之。至於其他人員，如有遵守行政中立之必要者，如聘用、僱用人員，則以準用方式出現。

（二）禁止義務居於多數

公務人員遵守行政中立之義務與在職務上應遵守之義務不同，在職務上應積極作爲、勇於任事，但行政中立義務乃以不作爲爲主；本法以「不得」爲開頭之強制禁止義務的條文數，不可謂不多。這些禁止規定，主要是適度限制公務人員參與政治活動的權利，藉由禁止作爲而達成行政中立的目的。

（三）訓示規定較爲抽象

本法規範公務人員應積極作爲之條文不多，除登記爲公職候選人者應依規定請事假或休假，屬特別之義務規定外；在一般之義務規定方面，僅訓示應依法行政、執行公正、政治中立、忠實推行政府政策，卻未見進一步說明，顯然過於抽象與籠統。雖有訓示效果，但實質意義並不大。

（四）規定重點指向選舉

行政中立事項平時固屬重要，但選舉前的競選期間，尤爲各政黨及社會人士所重視，本法規定亦然。從第 5 條至第 13 條規定，幾乎都與選舉事

項有關，可見選舉因素在行政中立規範所佔的份量甚大。

（五）違者止於懲戒懲處

依本法第 16 條規定，若有違反行政中立者，應依公務員懲戒法、公務人員考績法或其他相關法規予以懲戒或懲處；若涉及其他法律責任者，依有關法律處理。此條後段係指如另涉違反公職人員選舉罷免法等情事者，可能涉及的民、刑事或選舉罷免訴訟責任，自應依法為之，不在話下。至如單純違反行政中立規定時，僅依懲戒法與考績法懲戒或懲處，可謂止於政府機關的懲罰。懲戒案大多數雖由監察院提案彈劾，公懲會審理，但基本上仍是基於公務員身分而來的懲罰，而非民刑事案件或行政罰，其理至明。

上述 5 點，乃公務人員行政中立法的特色，當不難理解。

四、小結

行政中立確實是值得肯定的價值。（朱敬一，2009：A6）公務人員行政中立法是要求公務人員遵守行政中立事項的專門法律，其目的是規範公務人員動用行政資源或行使公權力的中立性。（朱敬一，2009：A6）然而行政中立所面對的客體卻是政治，包括平時的政黨活動與選前的競選行為，可以說是小巫見大巫，處於相對劣勢的地位。因此想要藉由本法規範去匡正選舉風氣、促進政黨良性競爭、建構良好組織文化，可謂極其不易。不過為國家長遠未來著眼，行政中立的素養與文化，一定要落實，甚且還要繼續強化。

肆、公職人員財產申報法概述

一、前言

公職人員財產申報法是當前我國規範特定職務人員財產申報及信託的重要法律，也是我國最早制定公布的陽光法案。自民國 82 年 7 月施行以來，業已四度修正，既大幅擴大適用範圍，增列申報範圍及強制信託規範，也提高罰則的種類。雖有部分人士對此一法律的實施成效不盡滿意，不過大致說來，對於政治風氣的端正與公職人員清廉操守的增進，應仍具有一定的效益。

所謂財產申報，是指特定職務人員依法將其擁有的個人財產向有關部門登記及報告，並供一定機制查核的制度措施。藉由公職人員財產申報法的規範，責成具有特定職務的公職人員申報其個人與最近親屬的所有財產，將其財產攤在陽光下，接受社會公眾的檢視；從而敦促公職人員廉潔自持的基本要求，嚇阻公職人員收取不法利益的可能性，乃此一法律的主要目的。正如美國許多陽光法案是在水門案爆發之後誕生一樣，我國陽光法案也是在解除戒嚴及廢除動員戡亂體制，衍生許多貪腐事件之後才漸受重視，並一一制定公布施行，其中打響第一砲的正是有關公職人員財產申報的法律。

二、規範重點

我國公職人員財產申報法，旨在規範公職人員財產申報之單一倫理義務。制定公布於民國 82 年 7 月，其後於 83 年 7 月、84 年 7 月、96 年 3 月及 97 年 1 月四度修正，其中 96 年 3 月係全文修正；最後兩次修正均定自 97 年 10 月 1 日施行。最近一次係於 103 年 1 月修正；全文共 20 條，不分章節。

公職人員財產申報法主要規範適用人員、申報程序、受理機關、申報範圍、財產公開、財產信託、申報時機、財產查核、資料保存與罰則等事項。茲分 15 點說明如下：

（一）立法目的

本法第 1 條明定立法目的，係端正政風，確立公職人員清廉之作為。

（二）適用人員

本法第 2 條明定，下列公職人員應申報財產：

1.總統、副總統。

2.行政、立法、司法、考試、監察各院院長、副院長。

3.政務人員。

4.有給職之總統府資政、國策顧問及戰略顧問。

5.各級政府機關之首長、副首長及職務列簡任第十職等以上之幕僚長、主管；公營事業總、分支機構之首長、副首長及相當簡任第十職等以上之主管；代表政府或公股出任私法人之董事及監察人。

6.各級公立學校之校長、副校長；其設有附屬機構者，該機構之首長、副首長。

7.軍事單位上校編階以上之各級主官、副主官及主管。

8.依公職人員選舉罷免法選舉產生之鄉（鎮、市）級以上政府機關首長。

9.各級民意機關民意代表。

10.法官、檢察官、行政執行官、軍法官。

11.政風及軍事監察主管人員。

12.司法警察、稅務、關務、地政、會計、審計、建築管理、工商登記、都市計畫、金融監督暨管理、公產管理、金融授信、商品檢驗、商標、專利、公路監理、環保稽查、採購業務等之主管人員。

13.其他職務性質特殊，經主管府、院核定有申報財產必要之人員。

此外又規定，前項各款公職人員，其職務係代理者，亦應申報財產。但代理未滿三個月者，毋庸申報。

至於總統、副總統及縣（市）級以上公職之候選人亦應準用本法，於申請候選人登記時申報財產。

前三項以外之公職人員，經調查有證據顯示其生活與消費顯超過其薪資收入者，該公職人員所屬機關或其上級機關之政風單位，得經中央政風主管機關（構）之核可後，指定其申報財產。

（三）申報時機

本法第 3 條規定，公職人員應於就（到）職三個月內申報財產，每年並定期申報一次。同一申報年度已辦理就（到）職申報者，免為該年度之定期申報。

公職人員於喪失應申報財產之身分起二個月內，應將卸（離）職或解除代理當日之財產情形，向原受理財產申報機關（構）申報。但於辦理卸（離）職或解除代理申報期間內，再任應申報財產之公職時，應辦理就（到）職申報，免卸（離）職或解除代理申報。

又第 8 條規定，立法委員及直轄市議員申報財產時，其本人、配偶及

未成年子女之第七條第一項所列財產，應每年辦理變動申報。

（四）受理機關

本法第 4 條規定，受理財產申報之機關（構）如下：

1.監察院。

2.申報人所屬機關（構）之政風單位；無政風單位者，由其上級機關（構）之政風單位或其上級機關（構）指定之單位受理；無政風單位亦無上級機關（構）者，由申報人所屬機關（構）指定之單位受理。

3.各級選舉委員會。

（五）申報範圍

本法第 5 條規定，公職人員應申報之財產如下：

1.不動產、船舶、汽車及航空器。

2.一定金額以上之現金、存款、有價證券、珠寶、古董、字畫及其他具有相當價值之財產。

3.一定金額以上之債權、債務及對各種事業之投資。

公職人員之配偶及未成年子女所有之前項財產，應一併申報。

申報之財產，除第一項第二款外，應一併申報其取得或發生之時間及原因；其為第一項第一款之財產，且係於申報日前五年內取得者，並應申報其取得價額。

（六）財產公開

本法第 6 條規定，受理申報機關（構）於收受申報二個月內，應將申報資料審核，彙整列冊，供人查閱。總統、副總統及縣（市）級以上公職候選人之申報機關（構）應於收受申報十日內，予以審核彙整列冊，供人查閱。總統、副總統、行政、立法、司法、考試、監察各院院長、副院長、政務人員、立法委員、直轄市長、縣（市）長等人員之申報資料，另應定期刊登政府公報並上網公告。

（七）財產信託

本法第 7 條規定，總統、副總統、行政、立法、司法、考試、監察各院院長、副院長、政務人員、公營事業總、分支機構之首長、副首長、直轄市長、縣（市）長於就（到）職申報財產時，其本人、配偶及未成年子女之下列財產，應自就（到）職之日起三個月內信託予信託業：

1.不動產。但自擇房屋（含基地）一戶供自用者，及其他信託業依法不得承受或承受有困難者，不包括在內。

2.國內之上市及上櫃股票。

3.其他經行政院會同考試院、監察院核定應交付信託之財產。

前項以外應依本法申報財產之公職人員，因職務關係對前項所列財產具有特殊利害關係，經主管府、院核定應依前項規定辦理信託者，亦同。

前二項人員於完成信託後，有另取得或其財產成為應信託財產之情形者，應於三個月內辦理信託並申報；依第一項第一款但書規定不須交付信託之不動產，仍應於每年定期申報時，申報其變動情形。

第一項之未成年子女除已結婚者外，以其法定代理人為第一項信託之

義務人。

第一項人員完成信託之財產，於每年定期申報及卸職時仍應申報。

（八）信託事項

本法第 9 條規定，信託應以財產所有人為委託人，訂定書面信託契約，並為財產權之信託移轉。

公職人員應於信託期限內，檢附本人、配偶及未成年子女之信託契約及財產信託移轉相關文件，併同公職人員財產申報表（含信託財產申報表），向該管受理申報機關提出。

信託契約期間，委託人或其法定代理人對信託財產之管理或處分欲為指示者，應事前或同時通知該管受理申報機關，始得為之。

信託契約應一併記載下列事項：

1.前項規定及受託人對於未經通知受理申報機關之指示，應予拒絕之意旨。

2.受託人除委託人或其法定代理人依前項規定為指示或為繳納稅捐、規費、清償信託財產債務認有必要者外，不得處分信託財產。

受理申報機關收受第三項信託財產管理處分之指示相關文件後，認符合本法規定者，應彙整列冊，刊登政府公報，並供人查閱。

受理申報機關得隨時查核受託人處分信託財產有無違反第四項第二款之規定。

又第 10 條規定，因信託所為之財產權移轉登記、信託登記、信託塗銷登記及其他相關登記，免納登記規費。

（九）申報查核

本法第 11 條規定，各受理財產申報機關（構）應就有無申報不實或財產異常增減情事，進行個案及一定比例之查核。

受理財產申報機關（構）為查核申報財產有無不實、辦理財產信託有無未依規定或財產異常增減情事，得向有關之機關（構）、團體或個人查詢，受查詢者有據實說明之義務。監察院及法務部並得透過電腦網路，請求有關之機關（構）、團體或個人提供必要之資訊，受請求者有配合提供資訊之義務。

受查詢之機關（構）、團體或個人無正當理由拒絕說明或為不實說明者，處新臺幣二萬元以上十萬元以下罰鍰；經通知限期提出說明，屆期未提出或提出仍為不實者，按次連續處新臺幣四萬元以上二十萬元以下罰鍰。受請求之機關（構）、團體或個人無正當理由拒絕配合提供或提供不實資訊者，亦同。

（十）處罰事項

本法第 12 條規定，有申報義務之人故意隱匿財產為不實之申報者，處新臺幣二十萬元以上四百萬元以下罰鍰。

有申報義務之人其前後年度申報之財產經比對後，增加總額逾其本人、配偶、未成年子女全年薪資所得總額一倍以上者，受理申報機關（構）應定一個月以上期間通知有申報義務之人提出說明，無正當理由未為說明、無法提出合理說明或說明不實者，處新臺幣十五萬元以上三百萬元以下罰鍰。

有申報義務之人無正當理由未依規定期限申報或故意申報不實者，處新臺幣六萬元以上一百二十萬元以下罰鍰。其故意申報不實之數額低於罰

鍰最低額時，得酌量減輕。

有申報義務之人受處罰後，經受理申報機關（構）通知限期申報或補正，無正當理由仍未申報或補正者，處一年以下有期徒刑、拘役或科新臺幣十萬元以上五十萬元以下罰金。

對於申報之資料，基於營利、徵信、募款或其他不正目的使用者，處新臺幣十萬元以上二百萬元以下罰鍰。

有申報義務之人受本條處罰確定者，由處分機關公布其姓名及處罰事由於資訊網路或刊登政府公報或新聞紙。

又第 13 條規定，有信託義務之人無正當理由未依規定期限信託，或故意將第七條第一項各款規定財產未予信託者，處新臺幣六萬元以上一百二十萬元以下罰鍰。其故意未予信託之財產數額低於罰鍰最低額時，得酌量減輕。

有信託義務之人受處罰後，經受理申報機關（構）通知限期信託或補正，無正當理由仍未信託或補正者，按次連續處新臺幣十萬元以上二百萬元以下罰鍰。

違反第九條第三項規定，對受託人為指示者，處新臺幣十萬元以上二百萬元以下罰鍰。

有信託義務之人受本條處罰確定者，由處分機關公布其姓名或名稱及處罰事由於資訊網路或刊登政府公報或新聞紙。

（十一）處罰機關

本法第 14 條規定，依本法所處之罰鍰，由下列機關為之：

1.受理機關爲監察院者，由該院處理。

2.受理機關（構）爲政風單位或經指定之單位者，移由法務部處理。

（十二）除斥期間

本法第 15 條規定，依本法所爲之罰鍰，其裁處權因五年內不行使而消滅。

（十三）資料保存

本法第 16 條規定，申報人喪失第二條所定應申報財產之身分者，其申報之資料應保存五年，期滿應予銷毀。但經司法機關或監察機關依法通知留存者，不在此限。

前項期限，自申報人喪失所定應申報財產身分之翌日起算。

（十四）相關事項

本法第 17 條規定，一定金額及其他具有相當價值之財產，由行政院會同考試院、監察院定之。

又第 18 條規定，公職人員就（到）職在本法修正施行前者，應自本法修正施行後三個月內，依第五條之規定申報財產，並免依第三條第一項爲當年度之定期申報。

第七條第一項及第二項公職人員，應自本法修正施行後三個月內，依同條第一項規定辦理信託。

（十五）施行規定

本法第 19 條規定，本法施行細則，由行政院會同考試院、監察院定之。第 20 條規定，本法施行日期，由行政院會同考試院、監察院以命令定之。本法中華民國一百零三年一月十日修正之條文，自公布日施行。二者均屬施行規定。

綜上所述，我國公職人員財產申報法雖然條文數不多，在行政法中僅屬中小型的法律，不過因具有公務員法律及陽光政治法律的性質，卻可敦促相關人員將其財產攤在陽光下，跨出清廉要求的第一步。職是，本法絕對是一個重要的法律。

三、主要特色

從前面規範重點的摘述中，歸納此一法律的主要特色，至少有下列 7 點。爰依序說明如下：

（一）規範特定人員積極義務

本法係就廣義公務員，包括民意代表、特定職務人員，規範其負有積極申報與信託財產之特別義務的法律，此與公務員服務法乃規範廣義公務員的一般性義務，立法委員行為法只規範立法委員的一般性義務，明顯有所不同。易言之，本法只針對特定職務的人員，要求其履行明確的、單一的、積極的申報及信託財產義務。與其他法律相較，本法自屬特別。

（二）適用人員範圍涵蓋甚廣

本法第 2 條明定應申報財產之公職人員甚為廣泛，不只民選政府首長、民意代表、政務人員等屬政治層次的公職人員、政府機關簡任第十職等以

上主管、公營事業總、分支機構相當簡任第十職等以上主管、代表政府或公股出任私法人之董事及監察人、各級公立學校校長、副校長及其附屬機構首長、副首長、軍事單位上校編階以上主官、副主官及主管等軍、公、教、公營高階人員均包括在內；亦就司法、政風、警察、採購、會計等 18 種易滋弊端的特定業務主管人員明文列舉適用；且還概括規定，授權主管府院就其他職務性質特殊人員，得核定其申報財產。又前揭職務之代理人若代理期間在三個月以上者、縣（市）級以上公職候選人，或其他有證據顯示其生活與消費顯然超過其薪資收入，經中央政風主管機關核可者，亦可指定其申報財產。此一適用範圍既採橫向的切割，將一定等級以上的高階人員全數納入，亦採縱向的切割，將可能產生弊端的職務悉數納入；不只明確列舉，且又概括的授權主管機關指定；不只正式職務而已，即連職務代理三個月以上人員，及縣（市）級以上公職候選人，亦包括在內。適用人員之多與廣，遠非其他法律可以比擬。

（三）申報方式全面多元從嚴

就時機言，申報有任（卸）職申報、定期申報與發生特定事項申報等 3 種；就對象言，申報有只限本人與包括近親等 2 種；就範圍言，申報有全部財產申報與重要財產部分申報之不同；就效力言，則有強制申報與任意申報之別。（如表 6-1）本法規定申報方式包括任（卸）職申報、定期申報、本人與近親申報、全部財產申報及強制申報，可謂全面多元的涵括，且從嚴辦理。此一規定顯然是為有效達成端正政風，確立清廉作為的立法目的而設，絕非只是虛應故事或虛幌一招而已。

（四）特重職務增列信託規定

本法名為財產申報，其實還包括財產信託，但並非就應申報財產之人員規定一律信託財產，而是從中限縮一小部分職務更為重要之人員，即僅

限於總統、副總統、五院院長、副院長、政務人員、公營事業總分支機構首長、副首長、直轄市長、縣（市）長及其配偶、未成年子女之不動產、國內上市、上櫃股票與其他經核定之財產項目，始應交付信託。由於財產信託必須訂定書面信託契約，並為財產權之信託移轉，嗣後如欲為財產管理或處分之指示者，應事前或同時通知該管受理申報機關，始得為之；受託人對於未經通知受理申報機關之指示，應予拒絕，且除依規定有必要者外，均不得處分信託財產。此一消極不作為的信託，使得委託人的信託財產形同凍結。

（五）分別規定不同主管機關

本法係由行政院會銜考試院、監察院函送立法院審議，可知此一法律關涉三院職掌事項；既由行政院領銜，亦不難得知其法制主管機關乃行政院所屬的法務部，然而其執行機關，也就是受理申報及有權查核的機關，卻分散在監察院、各機關政風單位（或指定單位）與各級選舉委員會，至於裁罰機關，則分別交給監察院及法務部。顯然的，本法法制面與執行面的主管機關有別，而執行機關則頗為分散。

（六）處罰甚多且以罰鍰為主

為確保法律的施行效力，我國許多行政法律都會明列違反義務者之處罰規定，本法亦然。對於違反 8 種不同義務之申報人及相關人員課予一定金額之罰鍰；然而對於申報人無正當理由未依規定期限申報或故意申報不實，經處以罰鍰，受理申報機關通知限期申報或補正，無正當理由仍未申報或補正者，則處以刑罰，即處一年以下有期徒刑、拘役或科新台幣十萬元以上五十萬元以下罰金。顯然可知，本法之處罰係以行政處罰的罰鍰為主，輔以刑罰，至於專屬政府機關內部的懲戒或懲處處罰則完全缺席。

（七）授權命令事項雖有不多

爲使行政機關執行更見彈性，俾能因應時空環境變化，立法者通常在法律條文中皆會授權行政機關針對某些事項爲補充性、細節性的規定，本法當不例外。除第 19 條授權訂定施行細則外，第 2 條第 1 項第 12 款、第 6 條第 3 項、第 11 條第 1 項、第 17 條等處亦均明確授權相關主管機關可訂定相關辦法。這些授權命令規定雖然有，卻不多，亦可謂其特色之一。

要之，公職人員財產申報法的主要特色可以歸納爲上述 7 點，此乃與其他法律不同之所在。

四、小結

如前所述，公職人員財產申報法是規範我國特定職務人員特別列舉義務的重要法律，乃爲防堵貪腐、促進清廉，經參考國外先進國家立法體例而立法。在制定及修法過程中，由於有侵犯這些人員財產隱私權之疑慮，所以引來許多質疑與批評。不過在發生數起重大貪腐事件後，大家漸有透過此一方式，始能達到清廉政治的高度共識；故雖有疑慮，但最後還是順利的完成立法，也付諸施行。

不過因爲本法是操作性極高的法律，旨在藉由公職人員的誠實申報、社會大眾的共同監督及高額的金錢處罰，以達到嚇阻的效果。目前實施的情況是，多數公職人員均願意遵守，其正向立法目的已然達成；但也有極少數公職人員想方設法的迴避，或在無意之中，或因有事實困難，而沒有依法申報。從每年均有數人因申報不實等因素，而被監察院、法務部處罰的實例，以及媒體每隔一段時間就爆貪瀆案件的新聞，即可知道此一法律的立法目的並沒有完全達到，不能不說是個遺憾！

伍、公職人員利益衝突迴避法概述

一、前言

　　公職人員利益衝突迴避法，旨在規範公職人員利益衝突迴避的倫理義務，是一部規範特定職務人員利益衝突迴避義務的公務員法律，也是一部屬於促進廉能與端正政風的陽光政治法案。自民國 89 年 7 月制定公布施行以來，已有十多年時間，迄未曾修正。正因為本法具有防杜貪腐、建立廉能政府的基本功能，故其實施成效及相關事宜，向為政府部門與社會大眾共同關切的課題。

　　追本溯源，在本法公布施行前，我國並非沒有利益衝突迴避之規定，只是分散在三十多種法律之中。依個別立法主義，這些法律係根據公務員不同的職務特性與業務需要分別量身規範，彼此之間既無統屬關係，限制及處罰之寬嚴亦各有不同。不過在公職人員利益衝突迴避法公布施行後，已有專法為一致性的規定，除其他法律另有更嚴格規定者外，一律適用本法規定。不只開啟我國利益衝突迴避規範新的里程碑，較諸美國、德國、日本等先進國家多數採分散立法體例的作法，也具有領先的指標意義。

　　大致言之，特定公務人員依其適用法規，原或多或少均負有利益衝突迴避之義務，只是適用對象並非普及於全體，且此一義務隱藏於其他義務之中。在本法通過施行後，依其普通法之性質，不但明確規範適用對象，使其效果普及於一般公職人員，也使得利益衝突迴避之義務更為明確化，並從其他義務中獨立出來，這應該是個很好的發展。

二、規範重點

　　按公職人員利益衝突迴避法計有 24 條條文，不分章節，條文規範內容不算多，只能說是我國現行眾多法律中的「中小企業」而已。其架構大致

循著立法目的、適用對象、名詞定義、迴避事項、迴避方法、處罰條款、施行規定等順序予以安排。其主要規範事項，大致可歸納為下述 13 點：

（一）立法目的與定位

藉由本法第 1 條第 1 項規定，闡明制定本法的目的是為促進廉能政治、端正政治風氣、建立公職人員利益衝突迴避之規範，以有效遏阻貪污腐化暨不當利益輸送。第 2 項明定，除其他法律另有嚴格規定者外，適用本法之規定；則說明本法是屬普通法與補充法的性質。

（二）適用對象之界定

本法雖以公職人員為適用對象，但何謂公職人員並未進一步說明，而是借用公職人員財產申報法第 2 條第 1 項規定，並隨著該法之修正而調整。依該法 97 年 10 月修正施行之條文規定，應申報財產之公職人員為下列 13 種人員：

1.總統、副總統。

2.行政、立法、司法、考試、監察各院院長、副院長。

3.政務人員。

4.有給職之總統府資政、國策顧問及戰略顧問。

5.各級政府機關之首長、副首長及職務列簡任第十職等以上之幕僚長、主管；公營事業總、分支機構之首長、副首長及相當簡任第十職等以上之主管；代表政府或公股出任私法人之董事及監察人。

6.各級公立學校之校長、副校長；其設有附屬機構者，該機構之首長、副首長。

7.軍事單位上校編階以上之各級主官、副主官及主管。

8.依公職人員選舉罷免法選舉產生之鄉（鎮、市）級以上政府機關首長。

9.各級民意機關民意代表。

10.法官、檢察官、行政執行官、軍法官。

11.政風及軍事監察主管人員。

12.司法警察、稅務、關務、地政、會計、審計、建築管理、工商登記、都市計畫、金融監督暨管理、公產管理、金融授信、商品檢驗、商標、專利、公路監理、環保稽查、採購業務等之主管人員。

13.其他職務性質特殊，經主管府、院核定有申報財產必要之人員。

（三）關係人範圍界定

本法第 3 條界定公職人員之關係人，其範圍為：

1.公職人員之配偶或共同生活之家屬。

2.公職人員之二親等以內親屬。

3.公職人員或其配偶信託財產之受託人。

4.公職人員暨其配偶、共同生活之家屬、二親等以內親屬擔任負責人、董事、監察人或經理人之營利事業。

此一界定，前三者為自然人，最後者指營利性之私法人。

（四）利益區分與定義

本法第 4 條先界定利益包括財產上利益及非財產上利益兩種。復規定財產上利益，是指：

1.動產、不動產。

2.現金、存款、外幣、有價證券。

3.債權或其他財產上權利。

4.其他具有經濟價值或得以金錢交易取得之利益。

又所謂非財產上利益，係指有利公職人員或其關係人於政府機關、公立學校、公營事業機構之任用、陞遷、調動及其他人事措施。

（五）利益衝突之定義

本法第 5 條界定利益衝突之定義，所稱利益衝突，係指公職人員執行職務時，得因其作為或不作為，直接或間接使本人或其關係人獲取利益者。

（六）迴避事項之規範

本法第 7 條至第 9 條均為有關迴避事項之規定。第 7 條規定公職人員不得假借職務上之權力、機會或方法，圖其本人或關係人之利益。第 8 條規定公職人員之關係人不得向機關有關人員關說、請託或以其他不當方法，圖其本人或公職人員之利益。第 9 條規定公職人員或其關係人不得與公職人員服務之機關或受其監督之機關為買賣、租賃、承攬等交易行為。

（七）迴避方法之規範

本法規定利益衝突迴避之方法有三，即自行迴避、命令迴避、申請迴

避。第 6 條規定公職人員知有利益衝突時，應即自行迴避。第 10 條第 4
項規定服務機關或上級機關知悉公職人員有應自行迴避而未迴避情事者，
應命其迴避。第 12 條規定公職人員有應自行迴避之情事而不迴避者，利害
關係人得向有關機關申請其迴避。若應迴避者為民意代表時，係向各該民
意機關申請；若應迴避者為其他公職人員時，係向該公職人員服務機關申
請；如為機關首長時，則向上級機關為之；無上級機關者，則向監察院為
之。

第 13 條則補充規定，申請迴避之情事經調查屬實後，應命被申請迴避
之公職人員迴避，該公職人員不得拒絕。

（八）迴避程序及作為

本法第 10 條規定公職人員的迴避程序及相關作為。如民意代表知有迴
避義務者，即不得參與個人利益相關議案之審議及表決，其他公職人員則
應停止執行該項職務，並由職務代理人執行，且均應以書面分別向公職人
員財產申報法第四條規定之機關，即監察院、各機關或其上級機關之政風
單位報備。如公職人員之服務機關或其上級機關認為無須迴避者，得命其
繼續執行職務；如認為應自行迴避而未迴避時，則應命該公職人員迴避。

（九）未迴避者之效力

本法第 11 條規定未迴避者之行為無效。即民意代表以外公職人員於自
行迴避前，對該項事務所為之同意、否決、決定、建議、提案、調查等行
為均屬無效，應由其職務代理人重新為之。

（十）違反義務之處罰

本法第 14 條至第 18 條係有關違反利益衝突迴避義務之處罰規定，主

要為罰鍰、附帶併予追繳兩種方式。第 14 條規定違反「公職人員不得假借職務上之權力、機會或方法，圖其本人或關係人之利益」，或「公職人員之關係人不得向機關有關人員關說、請託或以其他不當方法，圖其本人或公職人員之利益」之義務者，處新臺幣一百萬元以上五百萬元以下罰鍰，所得財產上利益併予追繳。第 15 條規定違反「公職人員或其關係人不得與公職人員服務之機關或受其監督之機關為買賣、租賃、承攬等交易行為」之義務者，處該交易行為金額一倍至三倍之罰鍰。第 16 條規定違反「民意代表不得參與個人利益相關議案之審議及表決」之義務者，處新臺幣一百萬元以上五百萬元以下罰鍰。第 17 條規定服務機關或其上級機關命公職人員迴避而拒絕迴避者，處該公職人員新臺幣一百五十萬元以上七百五十萬元以下罰鍰。第 18 條規定依前二條處罰後再違反者，連續處罰之。

（十一）執行處罰之機關

本法第 19 條規定執行處罰之機關。若係依公職人員財產申報法規定應向監察院申報財產之人員，由監察院為之；若係公職人員之關係人，及向各機關政風單位申報財產之公職人員，由法務部為之。

（十二）處罰之相關規定

本法第 20 條至第 22 條可謂是處罰的相關規定。第 20 條規定罰鍰經限期繳納而屆期不繳納者，移送法院強制執行。第 21 條規定如另涉及其他法律責任者，依有關法律處理之。第 22 條規定依本法罰鍰確定者，由處分機關公開於資訊網路或刊登政府公報或新聞紙。

（十三）施行之相關規定

本法第 23 條規定本法施行細則由行政院會同考試院、監察院定之。第 24 條規定本法自公布日施行。兩條均為有關施行之相關規定。

要之，公職人員利益衝突迴避法規定之重點不外以上 13 點，其中又以適用對象及關係人範圍、利益衝突迴避之方法與作為、違反義務之處罰等項最為重要。

三、主要特色

由前面對公職人員利益衝突迴避法規範重點的探討中，吾人不難歸納得知本法至少有下列 7 點與眾不同、值得稱述的特色。爰分別說明如次：

（一）規範單一消極義務

關於公務員的義務，在相關法律中，大致採權利義務一併規範的作法；只規定義務者，我國原僅規定於公務員服務法中，該法規定以服務義務為主，採列舉與概括規定，兼含作為義務與不作為義務。其後為因應時代環境的變遷，專門規範公務員某種義務的法律也逐漸出籠，如公職人員財產申報法、公務人員行政中立法等，本法亦然。不過財產申報法主要是規定積極的作為義務，至於行政中立法與本法則以消極的不作為義務為主。

（二）普通補充法律定位

我國對於公職人員利益衝突迴避之規範，原採分散立法方式，依個別法律之需要而分別規定，例如公務人員任用法、公務員服務法、公務人員保障法、行政程序法等法律，均有利益衝突迴避條文之設。本法雖以專法規定，不過為避免對原有法律體系產生太大之衝擊，故將本法定位為普通法與補充法，如其他法律有更嚴格規定者，即適用其他法律；僅在其他法律沒有規定或較寬規定時，始有本法適用之空間。此種專法規範，卻僅具普通法與補充法之地位，著實少見。

（三）適用對象依附他法

在個別立法主義之下，不同法律對於其適用對象、主要名詞等均會在各自法律條文中加以規範或定義，此乃我國法律之常。然而本法關於適用對象，並未規定其範圍，而是直接沿用公職人員財產申報法規定，使得本法依附於該法，如該法適用對象修正改變時，本法條文雖然沒有任何一字一句的變動，卻也要配合更動其適用對象。

（四）範圍擴及至關係人

法律規範通常僅及於當事人本人，惟為達特定目的，一些行政法律亦將其適用範圍擴大至相關人員，例如公職人員財產申報法規定，公職人員之配偶及未成年子女，均應一併申報及信託財產即是。本法亦將適用範圍擴大至關係人，而關係人之範圍包括家屬、親屬及其負部分責任之營利事業，以及信託財產之信託人，其範圍可謂更大更廣，遠非其他法律可以比擬。

（五）併採三種迴避方式

關於當事人迴避的方式，因發起者不同，可分為自行迴避、申請迴避與命令迴避三種，一般法律均因個別需要，僅規定其中一種或兩種迴避方式，例如公務員服務法只規定應行迴避，公務人員任用法只規定應迴避任用，政府採購法則規定應行迴避與應令其迴避兩種，公務人員保障法亦只規定應自行迴避與當事人向保訓會申請迴避兩種；這些法律規定顯然都不夠完整。在行政法律中三種迴避規定兼而有之者，僅有行政程序法與本法規定。

（六）處罰方式僅限罰鍰

本法對於違反利益衝突迴避義務者之處罰，僅限於行政處罰，而不及於刑事處罰，也不包括慣用於政府機關內部的懲戒或懲處；而行政處罰亦只採用罰鍰一種方式，在罰鍰確定後，應予以公開，可謂兼有影響名譽之性質。但並未及於沒入財產、剝奪資格或權利等其他不利方式之處罰。此與其他公務員法律相較，顯然不盡相同。

（七）分由兩個機關處罰

本法依適用對象之不同，將違反義務者之處罰權責分交監察院及法務部執行。如依法應向監察院申報財產之公職人員，由監察院為之；如為公職人員之關係人，及應向各機關政風單位申報財產之公職人員，則由法務部為之。此一分別由兩個不同機關執行處罰，而非由同一機關為之的作法，亦與一般所見有所不同。

綜上，本法乃將特定職務人員利益衝突迴避義務特別抽出，而以專法規範的重要法律。其規範雖以單一的、不作為的義務為主，表面觀之好像沒有什麼，究其實際，卻有許多特色存在其間。如上所述 7 點，當不難瞭解。

四、小結

綜前所述，公職人員利益衝突迴避法是一部很重要，也很特別的法律，規範的是特定職務人員，包括民意代表，及其關係人單一的、消極的不作為義務，即利益衝突迴避的義務。此一義務的履行，看似簡單，其實在「名、權、利」的威脅與誘惑下，少數人可能陷入其間而不自知，最後難以自拔，無法回頭。本法旨在規範公職人員遵守利益衝突迴避的義務，設下防杜貪腐的第一道關卡，提醒公職人員如有令人懷疑之處，或可能對

政府公信力與聲譽形象發生不良影響之事，即應知所節制，並予以迴避。可謂立意良善、用心良苦。

陸、公務員廉政倫理規範概述

一、前言

「廉」，單字意義雖有側邊、明察、姓氏、不苟取等多義，但如併成廉隅、清廉、廉正、廉潔等詞，則專指分辨不苟取之意；通常針對錢財、財物而言。（地球國語大辭典，1982：489）古人稱風骨凜然、不妄營求者為「廉士」，稱廉潔自持、守正不貪、分毫不取之官員為「廉吏」。「廉」不但是為人處事的基本品德操守，也是公務員最基本、最重要的法律義務，公務員服務法除於第 5 條前段宣示：公務員應「誠實清廉，謹慎勤勉」外，復於第 13 條至第 21 條明定不得作為之義務，這些規定亦均與清廉要求息息相關。

有鑒於廉潔是公務員最基本的義務，然而公務員因涉貪污舞弊、收受賄賂、侵占財物等違反廉潔義務而深陷囹圄者所在多有；故長年以來，政府相關部門始終不遺餘力的進行宣導活動，如早年的十大革新方案、行政革新方案、政府再造綱領，近年考試院訂定的公務人員核心價值等，均特別強調公務員的廉潔義務。為免藏垢納污，讓人有誤解的空間，亦制定通過許多陽光法案，如公職人員財產申報法、公職人員利益衝突迴避法、遊說法、政府資訊公開法、政治獻金法等。然而這些法規措施似仍不足以扼止少數有心人士貪贓枉法的行徑，以及部分無意疏失而誤觸法網者的行為。為順應世界潮流，樹立廉能政治新典範，行政院遂於民國 97 年 6 月訂定發布「公務員廉政倫理規範」，明定自 97 年 8 月 1 日施行；（國家文官學院，2012：38）並於 99 年 7 月修正，全文共 21 點，俾能做為公務員涉及相關廉政倫理事項的執行準據，讓公務員清楚瞭解自己行為分際的界線。

二、規範要點

本規範旨在規制公務員的廉政倫理義務，屬行政命令層次。綜觀全部條文規定，其要點約可歸納為下列 7 點：

（一）立法目的

本規範之目的，乃使公務員在執行職務時，能廉潔自持、公正無私及依法行政，以提升政府之清廉形象。其法律位階屬職權命令或行政規則；其性質為具有法規範效力的公務倫理準則。

（二）適用人員

以適用公務員服務法之人員為範圍，即受有俸給之文武職公務員及公營事業機關服務人員，但不包括未兼行政職務之公立學校教師。原僅限行政院及所屬人員，但因得準用之故，幾包括全國各中央及地方機關。其範圍雖不若國家賠償法與刑法之廣，但與一般人事法規相較，已屬廣義之範圍。

（三）行為規範

主要係公務員執行職務之分際，不過與執行職務無涉，但與錢財等利益有關，且涉及公務員官箴形象者，亦包括在內。此一規範，使得公務員除純屬個人的事項外，幾乎所有行為都受到約束。這也就是說公私可能混雜的領域，亦在限制之列。

（四）規範事項

以金錢財物之利益為規範標的，但亦兼及非直接涉及利益之事項，前

者如受贈財物、兼任他職、應邀演講、座談、評審（選）、金錢借貸、擔任保證人等，後者如飲宴應酬、請託關說、出入場所等。其中最具體的規定是一般人社交往來，不得超過市價新臺幣三千元之正常社交禮俗標準，同一年度內來自同一來源者以一萬元為限；受贈財物市價不得超過五百元，如係多數人之餽贈，其市價總額在一千元以下。又出席演講、座談、研習及評審（選）等活動，支領鐘點費，每小時不得超過新臺幣五千元；如有稿費者，每千字不得超過二千元。

（五）規範客體

主要限制公務員與其職務有利害關係者之往來，包括個人、法人、團體或其他單位與本機關（構）或其所屬機關（構）之間，具有業務往來、指揮監督、費用補（獎）助等關係，或正在尋求、進行或已訂立承攬、買賣或其他契約關係，或其他因本機關（構）業務之決定、執行或不執行，將遭受有利或不利影響之情形。公務員不限於本人，以公務員配偶、直系血親、同財共居家屬之名義收受者，或藉由第三人收受後轉交者，亦推定為公務員之受贈財物。

（六）處理程序

公務員遇有與其職務有利害關係者所為之餽贈，除未超過前述五百元及三千元之標準，且係偶發而無影響特定權利義務之虞者外，原則上應予拒絕或退還，並簽報其長官及知會政風機構，無法退還時，應於受贈之日起三日內，交政風機構處理。與其無職務上利害關係者所為之餽贈，除親屬或經常交往朋友外，市價超過三千元標準者，應於受贈之日起三日內簽報其長官，必要時並知會政風機構。如因公務禮儀，或因民俗節慶公開舉辦之活動且邀請一般人參加，而有參加與其職務有利害關係者之飲宴應酬時，應先簽報其長官核准，並知會政風機構後始得參加；出席演講、座談、

研習及評審（選）等活動者，其處理程序亦同。

（七）懲處規定

採概括規定方式，明定違反本規範經查證屬實者，依相關規定懲處，其涉及刑事責任者，移送司法機關辦理。

要之，本規範旨在課予公務員保持清廉之義務，其規定條文雖不算太少，但仍可歸納為上述 7 點，值得我輩公務員正視。

三、規範特色

如上所述，本規範之特色可分析說明如下：

（一）規範本人，兼及重要他人

本規範以公務員本人為主要規範對象，原則上限於本人事項。不過基於人情之常，如配偶或直系親屬之傷病、死亡而受贈財物時，亦包括在內；亦不只限於本人之受贈財物，如以公務員配偶、直系血親、同財共居家屬之名義收受者，或由第三人收受後轉交者，一樣推定為公務員之受贈財物。藉著對重要他人的規範，以杜絕遊走於灰色地帶的可能流弊。

（二）職務為主，擴及公務行為

本規範雖未明文規定，但由條文之間隱約可見，係將行為分為公務行為與私人行為兩部分，除明確排除親屬或經常交往朋友，屬私人行為之適用外，復將公務行為區分為與其職務有利害關係之行為與無職務上利害關係之行為兩種。對於與其職務有利害關係者，採較嚴格之規定；對於無職務上利害關係者，其要求相對較為寬鬆。此一規定，乃兼顧人情與實務之考量。

（三）不限錢財，包括所有利益

　　本規範雖以受贈財物、金錢借貸等財產利益為主要客體，明定社交禮俗標準以為執行依據，不過亦包括兼職、演講、座談、研習、評審（選）、飲宴應酬等直接利益的事項，以及不一定涉及利益的請託關說、涉足不妥當場所等事項。易言之，以廉為核心，凡易滋生弊端事項均包括在內，藉以防杜可能衍生的不法事端。

（四）政風主導，明定處理程序

　　鑒於業務職掌的相關性，及各機關政風機構一條鞭組織的特性，本規範除明文規定政風機構應指派專人負責解釋、個案說明及諮詢服務外，亦明定如涉及本規範所定之廉政倫理事項，應事先簽報或三日內簽報其長官，並知會政風機構。藉由此一公開之程序規定，惕勵所有公務員潔身自愛及依法行政之旨。

　　綜上所述 4 個特色，當有助於我輩公務員對此一規範的認識與瞭解。

四、小結

　　公務員支領薪俸，為國家效勞，為人民服務，「廉潔」、「清廉」可謂是受僱者最基本、最重要的義務。如公務員貪污腐化，不能廉潔自持，不但傷及政府之行政效能，亦損害政府之形象與聲譽，影響人民對政府之信任，故先進國家莫不全力扼阻貪腐之風的蔓延，塑造一股廉能的正向力量。不過由於我國特重人情倫理的社會文化，兼以法律難以鉅細靡遺規範的本質特性，以致一些模糊的灰色空間始終存在，為使全體公務員能有明確具體的行為準則，故有本規範的訂定發布施行。相信在本規範兼顧人情義理，且具體明確的規定之後，只要廣為宣導，普為公務員周知，不管無心誤蹈或有意挑釁的公務員人數都會大幅減低。吾人固然不能期待因本規

範的嚴格執行，即能弊絕風清，從此不再發生貪腐事件，不過這至少是個很好的契機，吾人自應確實遵守。

柒、公務人員服務守則概述

一、前言

　　服務，係指供職、履行職務，或廣泛的替別人做事（國語日報辭典，2011：861）；守則，乃共同遵行的規則（國語日報辭典，2011：487）。所謂服務守則，乃各行各業或不同職業團體為貫徹其工作上的紀律，形塑組織的優質文化，而經由其成員依一定程序，形成共識後，要求所屬成員遵循的規範。服務守則是一般使用的名稱，但亦有謂工作公約、職業公約、服務規約、職務準則、工作規約或工作要求等，其用法不盡相同。在一般私人企業，其服務守則通常由企業高階經理人規定；在自由業，通常由其所屬的職業公會規範；在政府部門，則由主管機關考試院函頒施行。

二、規範要點

　　按公務人員服務守則乃行政命令位階的服務倫理要求，考試院於民國99年3月17日函頒發布，除前文與附則外，全文共10點，主要在闡釋廉正、忠誠、專業、效能、關懷等五大核心價值（core value）。其規定內容可析述如下：

（一）適用人員

　　雖未明定適用對象及範圍，不過依其旨意，可知主要規範乃考試院主管的公務人員，即常任文官，至於軍人、教育人員、公營事業人員均不包括在內。一般公務人員直接適用，至於法官、檢察官、政風、警察、消防、

海巡、關務、主計、審計、人事或其他職務性質特殊之公務人員，得由各該主管機關增訂其應遵守之服務守則，報請銓敘部備查。

（二）規範目的

由前文觀之，本守則係從組織角度出發，其目的為型塑優質組織文化，建立廉能服務團隊。

（三）要求範圍

本守則雖明文以公務人員執行職務為課責範圍，惟一般通說，亦包括與其公務人員身分或職務有關的事項，甚至可能影響政府機關形象或聲譽者，亦不排除其適用。

（四）指示事項

本守則旨在進一步闡述五大核心價值的意義與作為，可分述如下：

1.廉正：公務人員應廉潔自持，主動利益迴避，妥適處理公務及有效運用公務資源與公共財產；並應依法公正執行公務，嚴守行政中立，增進公共利益及兼顧各方權益，以創造公平良善的發展環境。

2.忠誠：公務人員應恪遵憲法及法律，效忠國家及人民，保守公務機密；並應重視榮譽與誠信，具道德與責任感，待人真誠與正直，任事熱心與負責，以贏得人民的尊敬。

3.專業：公務人員應與時俱進，積極充實專業職能，本於敬業精神，培養優異的規劃、執行、溝通及協調能力，以提供專業服務品質；亦應踐行終身學習，時時追求專業新知，激發創意，以強化創新、應變及前瞻思維能力。

4.效能：公務人員應運用有效方法，簡化行政程序，主動研修相關法令，迅速回應人民需求與提供服務，以提高整體工作效能；亦應發揮團隊合作精神，踐行組織願景，提高行政效率與工作績效，以完成施政目標及提昇國家競爭力。

5.關懷：公務人員應具備同理心，提供親切、關懷、便民、主動積極的服務、協助與照護，以獲得人民的信賴及認同；亦應培養人文關懷，尊重多元文化，落實人權保障，並秉持民主與寬容的態度體察民意，以調和族群及社會和諧。

要之，本守則屬工作公約性質，其規定內容並不多，大致可歸納為上述 4 個重點，其中又以指示事項中所標舉的五大核心價值最為重要。

三、規範特色

由以上說明，公務人員服務守則的特色可歸納如下：

（一）規範事項，圍繞核心價值

本守則除於前文明確提出廉正、忠誠、專業、效能、關懷等五大原則外，亦分列 10 點，具體闡釋其意義。此可謂是考試院於 98 年通過文官制度興革規劃方案中，所揭示五大核心價值的進一步論述。

（二）抽象表述，指示原則方向

本守則規定內涵係以文字具體建構公務人員應有的行為準則，明確指引公務人員的努力方向。惟因文字本身，無法如同數字可以量化；再加上本守則用字求其精簡，未能多方說明，以致仍顯抽象，遂被批評為「不務實」、「打高空」。

（三）道德要求，轉化為法規範

關於本守則規範事項，廉正、忠誠二者因公務員服務法已有規定，早已由個人的價值信念、倫理道德的要求而提升至法律規範的層次，本守則只是再強化說明而已。至於專業、效能與關懷三者，則因本守則納入規定，且由考試院函頒施行，而具有法令規範的位階與效力。易言之，此五大核心價值，因為政府機關公權力的涉入，已由傳統的倫理道德要求轉化為法規範的要求。

（四）正面說明，而非消極限制

本守則為鼓勵公務人員有正面的動能，基本上採應為的積極作為方式予以引導，而未有消極的限制規定。此非如公務員服務法雖有正面的原則規定，但涉及具體事項，則以消極限制的不得作為規定為主。兩者之作法明顯有別。

（五）工作守則，不限倫理事項

本守則旨在要求公務人員「執行職務」之作為，依一般通念，雖也包括與其身分或職務有關事項，但基本上不涉個人私領域的生活，亦即僅以公務倫理為範疇。不過本守則在廉正、忠誠、關懷之倫理要求外，亦涵括屬學識與工作範疇的專業與效能要求，顯然是屬於不限倫理事項的工作守則。

（六）從心出發，未有處罰規定

本守則要求公務人員，將這些外在要求內化為個人理念價值的一部分，並轉化落實在具體行為之上，可謂是從「心」出發的心靈改革運動。不過因僅屬職權命令或行政規則層次，沒有法律授權依據，亦未能與法律聯結，故本守則未見處罰規定，使得本守則欠缺強而有力、足以威嚇的憑據，其

執行效力或將打折。

綜前所述，本守則所具有的特色可歸納爲如上 6 點。當吾人有所瞭解後，必能更深入的掌握其精髓。

四、小結

公務人員是國家的僱員，支領薪俸，與國家具有公法上的職務關係，自應爲國家效勞，爲人民服務。做到其應盡的職責，扮好其稱職的角色，乃是公務人員不容迴避的義務，也是其神聖莊嚴的使命。公務人員既已承擔，只能勇敢的向前走。

爲指引公務人員的行進方向，建構公務人員的行爲準則，考試院在揭示五大核心價值後，復函頒公務人員服務守則。如上所述，本守則不是八股，亦非教條，旨在包裝闡釋這些核心價值，明確規定公務人員於執行職務之際的應有作爲。相信在廣爲宣導且普遍被接受與落實之後，所有的公務人員都會是才德兼具的優秀公務人員。

捌、公務倫理法制檢視

就現有的公務倫理法制分析，如依其適用對象區分，可分爲一般的公務倫理法制與特別的公務倫理法制，前者指全體公務員皆須遵守的法制規範，如公務員服務法、公務員廉政倫理規範等；後者乃以特殊公務員爲適用對象，如立法委員行爲法、法官倫理規範、檢察官倫理規範等。如依其規定時間區分，可分爲傳統的公務倫理法制與新興的公務倫理法制，前者指制定施行的時間已有數十年之久者，如公務員服務法；後者指最近數年始公（發）布施行的法規，如公務人員行政中立法、公務員廉政倫理規範等。如依其位階層次區分，可分爲法律層次的公務倫理法制與命令層次的

公務倫理法制，前者指由立法機關三讀通過的公務倫理法制，如公職人員財產申報法、公職人員利益衝突迴避法等；後者指行政機關依法律授權或本於職權而訂頒的行政規章，如採購人員倫理準則、公務人員服務守則等。由上述分類可知，公務倫理法制數量雖然不多，但也具有相當的多樣性。（如表6-2）

　　如上所述，經由法制化的過程，公務倫理蛻化為公務倫理法制，其外形已是法規範，但其實質仍為倫理事項。大致言之，這些公務倫理法制皆以服務法規的形態出現，皆與強力呼籲建立陽光政治的潮流趨勢有關，原屬抽象的倫理義務自此轉化為具體的法律義務。經由前面的論述，不難發現當前公務倫理法制存在的4個問題：

（一）範圍廣泛不易全面規範的問題

　　公務倫理的範疇本是無邊無際，只要涉及公務員的言行舉止，即有公務倫理的適用空間；然而公務倫理法制，只能擇其要者規範之。即如公務員服務法屬抽象的、籠統的、概括的規範，亦只規範到忠、誠、廉、勤、實、慎、守密等德目，其他法律則僅就單一事項規定，其他諸多德目，如愛護人民、重視公益、講求時效、揭發弊端等廣大範圍均未觸及。可知公務倫理欲全面法制化，是一件至為艱鉅的法制工程。

（二）概念不清難以明確規範的問題

　　公務倫理的德目是公務倫理法制的主要內涵，例如公務員服務法第1條所規定的「忠心努力」，即來自於忠與勤的倫理概念。惟何謂忠心？並無界定；如何忠心？除第2條、第3條有關服從長官命令，第4條有關保守政府機關機密，第14條、第14條之2、第14條之3有關兼職限制，第14條之1有關離職旋轉門條款限制之規定外，再無其他積極作為之規定。至於何謂努力？如何努力？則全無規定。顯然可見，因為概念不夠清晰，所

以也難再進一步的明確規定，這也是當前公務倫理法制的難題。

（三）訓示規定衍生課責爭議的問題

公務倫理法制的許多條文規定，均以訓示的形式呈現，倫理義務變成法律義務，如有違反者即得課責而予以處罰。例如依公務員服務法第 5 條規定，公務員應誠實清廉；如不誠實者，長官即得據以處罰。惟因此一規定只是抽象原則，並無對象、程度、事項等具體規定，自然難以遵循；但長官往往以此為據而懲處部屬，部屬則認為「欲加之罪，何患無辭」？難以甘服，因而衍生許多課責爭議的問題。

（四）明定罰則延伸處罰妥適的問題

就法治國原則觀之，「事當其責，責當其罰」始符平等與比例原則。處罰固能增進嚇阻效果，確保法的威信，惟如處罰種類選擇不當，或處罰過重，難免引發處罰是否妥適的爭議。按公職人員財產申報法與公職人員利益衝突迴避法之本質，係課特定職務公務員一定義務之專法，除少數民意代表與公職候選人外，多數人員適用公務員懲戒法與公務人員考績法已足，甚至更具威嚇效果，惟卻不此之途，改處以一定金額罰鍰之處罰，因此混淆了以一般民眾身分始受行政處罰的分際。又違反公務員旋轉門條款限制，以及經處以罰鍰後無正當理由仍未申報財產或補正者，即科處有期徒刑之刑罰，亦有處罰過重的質疑。因為這只是違反行政義務，而非違反國家或重大社會法益事件，是否需要如此矯枉過正呢？確實不無疑義。

簡言之，公務倫理法制的外形雖是法規範，也具有法規範的效力，但其實質仍是倫理道德。由於倫理道德與法律在本質上有所不同，故權責機關雖有意針對特定事項將重要德目入法，但事實上卻有難以法制化的困境；縱然已蛻化為公務倫理法制，仍然存在實踐上的難題。經由上述探討，吾人當不難瞭解。

表 6-1　公職人員財產申報的區分標準與種類

區分標準	區　分　種　類
申報時機	任（卸）職申報　　定期申報　　發生特定事項申報
申報對象	只限本人　　包括近親
申報範圍	全部財產申報　　重要財產部分申報
申報效力	強制申報　　任意申報

表 6-2　公務倫理法制的區分種類

區分標準	種　類　區　分
適用對象	一般的公務倫理法制　　　特別的公務倫理法制
規定時間	傳統的公務倫理法制　　　新興的公務倫理法制
位階層次	法律層次的公務倫理法制　命令層次的公務倫理法制

表 6-3　本書公務倫理法制相關事項

法規名稱	主管機關	法規性質及規範事項	最早制（訂）定時間	最近制（訂）定時間
公務員服務法	考試院	綜合的、法律、服務義務	28.10	89.7
公務人員行政中立法	考試院	單一的、法律、中立義務	98.6	103.11
公職人員財產申報法	行政院	單一的、法律、財申義務	82.7	103.1
公職人員利益衝突迴避法	行政院	單一的、法律、利迴義務	89.12	未修正
公務員廉政倫理規範	行政院	單一的、行政命令、廉潔義務	97.6	99.7
公務人員服務守則	考試院	綜合的、行政命令、服務義務	99.3	未修正

第七章　結論

壹、現況歸結

　　我國倫理道德的發展可謂源遠流長，至少可溯自三千年前周公制禮作樂之際。自那時起，「神治」（顧頡剛語，殷商時代的政治是神鬼政治；楊雨畔，2015：A17）不再是全部，其重要性逐漸降低，「德治」成為政治與社會的主流，倫理道德是規範社會人心與行為舉止的憑藉。秦代以降，雖有法律，但僅止於刑事。迄至清末民初，歷經歐風美雨的洗禮，大陸地區雖仍停留在「黨治」的地步；但臺灣地區已大步邁向「法治」之途，「依法而治」不是口號，而是行動。經數十年的努力實踐，臺灣自由、民主、法治等文明指標，已與歐美先進國家相去不遠。

　　公務員是政府機器的組成分子，是國家統治的基石，也是推動社會前進的引擎；公務員的優劣強弱攸關政府的效能與聲譽，也影響國家的繁榮進步，其重要性毋庸多言。是以各先進國家莫不以特別的法律關係予以規範，在人民的身分之外，既課予特別的義務，亦賦予特別的權利。公務員不只要消極的守法與積極的依法行政，還負有服從長官命令、遵守行政中立及恪守公務倫理等義務，其所受到的約束與限制，顯然大於一般人民。

　　儘管在社會公眾領域與個人行為外表，法律已躍居規範每一個人行為之主要準繩；但不能否認的，在私領域，在內心深處，在法律不及或授權處理之處，倫理道德仍是規範全體國人的重要憑藉。公務員直接或間接受僱於國家，其所服膺的公務倫理，始終是僅次於依法行政的重要憑據；而以公務倫理為基底而建構的公務倫理法制，也有越來越多的趨勢。

　　從公務員角度觀之，由公務倫理到公務倫理法制的發展可謂漫漫長路，並非順暢。茲就其犖犖大者說明之：

（一）倫理道德是長久演化而來，是社會的最大共識

　　倫理道德是我國古聖先賢的智慧結晶，是利人利己、對大家都好的行為準則。它隨著時代的遞嬗演進而不斷的因應調整，也因不同地區的文化習俗而異其內涵與重心，但其主要價值仍無不同。經由長久演化，自然而然形成的準則，在無形之中約束所有的人；儘管每個人因價值觀的不同，在取捨上不盡相同，但仍不能否認其為社會的最大共識、價值觀的最大公約數。

（二）法律不足以規範現實生活全部，倫理道德方可

　　現代意義的法律，植基於憲政，與民主相輔而成，強調人權保障。由於法律具有強制力量與制裁效果，所以只能以最低標準出現，偏重在公共領域，且以外表行為評斷之。因此，在私領域，在個人內心，即屬「法外之地」，法律難以規範，此時此地唯有倫理道德方能進入與穿透。顯然可知，只有倫理道德才能規範現實生活的全部。

（三）公務倫理是倫理道德的一部分，是約束公務員基於身分應為的一切條理

　　倫理道德約束所有的人，公務員如果離開其身分與職務，也是人民，同受一般倫理道德的約束。不過進入公部門，本於公務員角色處理公務或與其身分相關的事務時，即必須排除私情的倫理道德，完全以公務倫理為依歸，方不致產生角色的衝突及倫理的矛盾。這也就是說公務倫理只是約束公務員基於身分而來的工作與生活層面，並不包括家庭生活方面。

（四）公務倫理與公務倫理法制有別

公務倫理屬於倫理道德的範圍，是道德規範，也是共識倫理，但公務倫理法制屬於法令規定，具有強制執行的效果。就本質與內涵而論，公務倫理法制固然屬於公務倫理的規範倫理範圍；但就其外形與效力言之，公務倫理法制與公務倫理終究有別，二者不宜混為一談。

（五）公務倫理法制化是個不可逆轉的潮流趨勢

為因應層出不窮的公務員違法犯紀事件，杜絕發生弊端的可能性，使規範更加明確，讓執行更具效力，並參考先進國家的作法，主管機關擇取重要的倫理道德項目，透過民主的立法程序，將其提升為法令規定的作法，已是最近的發展趨勢。職是，公務倫理法制化是不斷往前的進行式，公務倫理法制的數目只會越來越多。

（六）除傳統的公務員服務法外，目前公務倫理法制的規定係以單一倫理事項為主

我國公務員服務法最早在民國 28 年 10 月即已公布施行，可謂是「爺爺級」的法律。其規定內容係公務員的服務義務，就義務言雖可說是單一事項，但從倫理言卻是包山包海，舉凡公務員的待人待己、處事接物等事項，無不包括在內。然而最近一、二十年所通過的，與倫理事項較密切的法律，如公職人員財產申報法、公職人員利益衝突迴避法、公務人員行政中立法、政府採購法，乃至於政府資訊公開法、個人資料保護法、遊說法、政治獻金法等，皆以單一的倫理事項為主。在已有服務法的概括規定之後，復基於個別立法主義的考量，個別的公務倫理法制規定必然是以單一倫理事項為主。

要之，公務倫理法制雖植基於公務倫理，但與法制結合，蛻化成為法

令規定之後，已是一個嶄新的領域。其範圍已縮小，其本質未改變，其效力已強化，如上所述，顯已迥異於既往。

貳、發展趨勢

公務倫理法制是個新的概念，也是新的領域，知道的人自然不多。目前較常聽到的是公務倫理或行政倫理，由於公務人員保障暨培訓委員會及其他政府機關的積極宣導，全體公務員對於公務倫理或行政倫理均有一定程度的認識與瞭解，縱或談不上十分熟稔，也絕對不會陌生。然而公務倫理法制是什麼？是否就是公務倫理？兩者是否相同？卻總是讓公務員困惑不已。

基本上，公務倫理法制並非公務倫理，但兩者卻有密切的關係。公務倫理發展在先，公務倫理法制在後；公務倫理範圍較廣，公務倫理法制較狹；公務倫理屬於倫理道德層次，公務倫理法制屬於法令規定層次；公務倫理的憑藉只有個人良心與社會清議，公務倫理法制則有國家力量的介入，如有違反者，必受懲罰。從嚴格意義言，兩者究有不同，卻也十分近似，難怪大家經常混淆不分。

從公務倫理到公務倫理法制，並不是一條平順的道路。在法制化的過程中，既有高潮，也有低潮；有順境，也有逆境。經歷一番波折後，最終得能呈現公務倫理法制的結果。回顧來時路，放眼看前景，不難歸納此發展趨勢如下述 6 點：

（一）由籠統概括到具體明確

公務倫理的德目僅有原則與方向，相關論述十分籠統概括，各人解讀隨之而異。一旦轉化為公務倫理法制，以條文呈現出來，即必須以更多、

更精確的文字描述，因而變得較爲具體明確，不再模糊不清。

（二）由抽象訓示到客觀務實

公務倫理，甚至早期的公務倫理法制，總是充斥著道德宣示與抽象訓示，處處顯露領導者或立法者的意圖，所以「應」與「不得」的規定特別多。但在法治勃興後，即不能停留在理念層次或口號標語的階段，必須回到現實面，以客觀標準強化其操作性與可行性。

（三）由一般普遍到個別事項

公務倫理原是全面性的、普遍性的，不只其範圍廣泛，也對所有公務員具有規範性，最早的公務員服務法即有此一特性。不過由於在不同的時空環境，主流民意關注的重要事項不一；且就立法體例而言，也不可能鉅細靡遺規範許多事項，所以每一法規只針對一事項個別規定，乃屬當然。

（四）由不得作爲到積極應爲

公務倫理法制爲齊一標準，原以限制不得作爲之義務爲主，例如公務員服務法大多數條文均屬絕對不得作爲或相對不得作爲之規定，公務員如「消極不爲」，即屬合法。晚近爲達一定之政策目的，已改此一方式，要求公務員必須積極作爲，始爲適法。例如申報及信託財產、利益衝突迴避等規定，均屬積極應爲的思維產物。

（五）由行政規定而法律規定

公務倫理法制化的的過程亦如同自然法的演進一般，最早可能只是主管機關的函釋規定，經過數年的實踐經驗，其後即以職權命令或行政規則出現；如有必要，最後再送請立法機關完成立法程序而成爲法律。如行政

中立，早先只是在歷次公職人員選舉之前，由銓敘部與行政院人事行政局會銜以通函規定，嗣經立法院三讀通過法案後，始成為法律規範。儘管由行政規定提升為法律規定的案例不多，但確實是值得關注的發展趨勢。

（六）由最低標準到調整提高

為能在多元分歧的眾多意見中取得共識，儘快付諸施行，由倫理道德轉化為法規的第一步，都是採最低標準，只要及格就好。嗣後修正時，再視大家的接受度與遵守度，考量是否逐步調整提高。例如刑法關於酒醉駕車的處罰，菸害防制法關於吸菸的空間範圍等，均是如此。公務倫理法制化的作法，亦不例外。

總之，當前嚴格意義的公務倫理法制數量儘管不是很多，然而在「依法而治」的社會氛圍，及一些有權者「迷思法律權威」的心態之下，未來勢必會不斷的增加；就其實質而言，也一定會有一些改變。如上所述，未來可能的發展趨勢，或不難理解。

參、未來展望

公務倫理並非倫理道德，只是倫理道德關於公務員的一部分；公務倫理法制不等於公務倫理，只是公務倫理晚近發展的領域之一；三者主要存在範圍大小、時間先後與效力強弱的關係。公務倫理法制的基底來自倫理道德與法律，其內涵可謂十分雄厚，其發展也源遠流長。從自然法的演進趨勢觀之，每一法規都有其欲達到的實質正義或程序正義，也就有那麼一些「倫理」的意味，說是「倫理法制」亦不為過。不過如從嚴格意義言之，必須具體指涉倫理道德德目，其所欲達成的目的原屬公眾倫理道德範疇者，始可說是公務倫理法制。準此，當前公務倫理法制數量不多，範圍不廣，時間亦不長。

從實踐經驗觀之，當前公務倫理法制不論在法制程序或實質內涵均有值得稱述之處。不過展望未來，下述4點似有努力的空間，謹說明如次：

（一）強化先期法制作業

欲將公務倫理法制化，除應遵循政策指示外，尤應在進入立法程序前，做好幕僚規劃作業，不僅求其周延妥適，亦須合理可行。對於可能遭受質疑與挑戰之處，除應備妥強而有力的腹案說明外，也應有配套或替代方案，方能立於不敗之地。

（二）落實民主參與制度

在立法過程中，廣開公聽會、座談會或說明會，由政府機關主其事者與學者專家、利益團體、標的人口，直接的、面對面的、善意的對話，或接受相對人的意見陳述，絕對有其必要。傾聽各界的建言，吸收有益的意見，澄清可能的誤解，化解彼此的對立，既是行政程序正義的一部分，也是提昇民主素質的重要手段之一，公務倫理法制自宜朝此方向努力。

（三）順應環境適時改變

「法與時轉則治」，法制與倫理道德的內涵都不可能一成不變，或以不變應萬變，而應隨著時代環境、社會觀念或政策目的的轉變等因素予以因應調整；特別是法制，變化的速度往往較倫理道德為快。公務倫理法制兼有公務倫理與法制的內涵，自應順應變遷，適時調整改進。

（四）加強宣導訓練措施

法的效果雖在懲罰，但如違法者眾多，即難以處罰，所謂「法不罰眾」是也。所以不但在法規頒布施行之際，應對社會大眾加強宣導，對規

範對象也要加強訓練，在法規施行期間亦應不斷的宣導與訓練，例如台北捷運車廂內讓座與禁食的廣播、公務人員保障暨培訓委員會在各政府機關大門入口處提供的「行政中立」跑馬燈廣告等。惟有如此，方能讓大多數人民知法守法；而只針對其他極少數的違法者予以制裁，這才是最有效的作法，也才能達到法規範的眞正目的。公務倫理法制自應本諸此一宗旨，不斷的加強宣導與訓練。

　　總而言之，法律只是最低的標準，屬於外部監督。公務倫理法制植基於公務倫理，正邁向法制之途；法律的侷限與困境，它也不能免除。屬於本質的困境或不易克服，但在實質方面，則有努力強化的可能。如上所述，吾人樂見公務倫理法制未來有更好的發展。

參考資料

中文部分

公務人員保障暨培訓委員會（2011），公務倫理，公務人員宣導教材。台北：未出版。

王　偉（2001），行政倫理概述。北京：人民出版社。

王邦雄（2010），向儒道思想學情緒管理。台北：健行出版社。

王海明（2001），新倫理學。北京：商務印書館。

立法院法制局（2003），文官政策與立法研究。台北：立法院。

世界宗教博物館（2014），基督宗教、猶太教、伊斯蘭教、印度教、錫克教、佛教、道教、神道教單頁說明資料。台北：未出版。

台灣行政法學會（2003），公務員法與地方制度法。台北：台灣行政法學會。

台灣中華書局辭海編輯委員會（1980），辭海。台北：台華中華書局。

地球編輯暨資料中心（1982），地球國語大辭典。台北：地球出版社。

朱敬一（2009），哪些事情的中立性該立法規範，中國時報 98.9.28.A6 版。台北：中國時報社。

江大樹（1997），國家發展與文官政策。台北：憬藝企業公司。

考試院（2000），考銓詞彙。台北：考試院。

考試院考銓研究發展小組銓敘分組（1993），公務人員行政中立規範之研究。台北：考試院。

何懷宏（2002），倫理學是什麼。北京：北京大學出版社。

吳　庚（1995），行政法之理論與實用。台北：作者自印。

吳瓊恩（2009），行政學。台北：三民書局。

李華民（1993），人事行政論（下）。台北：台灣中華書局。

李建良等（2006），行政法入門。台北：元照出版社。

周萬來（2008），議案審議—立法院運作實況。台北：五南圖書公司。

林火旺（2009），道德—幸福的必要條件。台北：寶瓶文化公司。

林火旺（2010），為生命找道理。台北：天下雜誌社。

林紀東（1977），行政法。台北：三民書局。

林紀東（1992），法學緒論。台北：五南圖書公司。

林嘉誠、朱浤源（1990），政治學辭典。台北：五南圖書公司。

邱創煥（1993），文官制度論叢。台北：中華民國國家發展策進會。

金耀基（1992），中國社會與文化。香港：牛津大學出版社。

城仲模（1988），行政法之基礎理論。台北：三民書局。

姜占魁（1980），人群關係。台北：正中書局。

姜占魁（1980），行政學。台北：五南圖書公司。

胡　適（2013），人生有何意義。北京：九州出版社。

胡　適（2013），自由比容忍重要。北京：九州出版社。

孫中山（1924），民族主義第六講，國父全集第一冊。台北：中國國民黨黨
　　史委員會。

孫　震（2014），緬懷李國鼎先生—再談第六論，聯合報 103.6.1.A14 版。
　　台北：聯合報社。

徐有守（1988），我國當今人事制度析論。台北：台灣商務印書館。

徐有守（2007），考銓制度。台北：台灣商務印書館。

涂懷瑩（1980），行政法原理。台北：五南圖書公司。

國家文官學院（2012），公務倫理與核心價值，公務人員考試錄取人員基礎
　　訓練教材。台北：未出版。

國家文官學院（2012），廉能政府與廉政規範，公務人員考試錄取人員基礎
　　訓練教材。台北：未出版。

國語日報出版中心（2011），新編國語日報辭典。台北：國語日報社。

海潤富（1987），行政倫理，人事月刊第 4 卷第 5 期。台北：人事月刊社。

張永明（2001），行政法。台北：三民書局。

張志剛（2005），宗教文化學導論。台北：宗博出版社。

張春興（1980），心理學。台北：東華書局。

張潤書（1989），行政學。台北：三民書局。

梁漱溟（1982），中國文化要義。台北：里仁書局。

梁漱溟（1987），人心與人生。台北：谷風出版社。

梁漱溟（2012），人生三路向：宗教、道德與人生。香港：中和出版公司。

莊秋桃（2012），法官倫理之研究，司法研究年報第 29 輯第 5 篇。台北：司法院。

許南雄（2000），行政學概要。台北：商鼎出版公司。

許南雄（2002），各國人事制度。台北：商鼎出版公司。

許南雄（2004），行政學術語。台北：商鼎出版公司。

許南雄（2013），現行考銓制度─各國人事制度研究途徑。台北：商鼎出版公司。

許濱松（1995），英美公務員政治中立之研究─兼論我國公務員政治中立應有之作法，行政管理論文選輯第九輯。台北：銓敘部。

陳志華（2007），行政法概要。台北：三民書局。

陳坤發（2001），公務人員行政倫理認知研究─地方行政菁英調查分析。台中：東海大學公共事務碩士學程在職進修專班碩士論文。

陳炳生（1988），新人事制度。台北：正中書局。

陳新民（2005），行政法學總論。台北：自行出版。

彭錦鵬主編（1996），文官體制之比較研究。台北：中央研究院歐美研究所。

傅佩榮（1993），儒家哲學新論。台北：業強出版社。

曾仕強（1991），現代化的中國式管理。台北：聯經出版公司。

黃丙喜、馮志能（2012），新時代的為官之道。台北：商周出版社。

黃奏勝（1981），三民主義倫理學。台北：中央文物供應社。

黃奏勝（1982），倫理與政治之整合與運作。台北：中央文物供應社。

楊　照（2010），如何做一個正直的人。台北：本事文化公司。

楊雨畊（2015），甲骨文看羊 今年好吉祥，聯合報 104.2.18.A17 版。台北：

　　聯合報社。

鄒文海（1994），自由與權力。台北：自行出版。

趙其文（1993），人事行政。台北：中華電視公司。

銓敘部（2014），中華民國 102 年銓敘統計年報。台北：銓敘部。

劉得寬（1990），法學入門。台北：五南圖書公司。

蔡良文（2008），我國文官體制之變革：政府再造的價值。台北：五南圖書
　　公司。

蔡璧煌（2012），101 年公務倫理宣導相關專班問卷分析報告，考試院第 11
　　屆第 212 次會議公務人員保障暨培訓委員會重要業務報告。台北：未出
　　版。

鄧東濱（1998），中國先賢的管理智慧，台北：長河出版社。

蕭武桐（1991），公務倫理的理論與應用。台北：時英出版社。

蕭武桐（1996），行政倫理。台北：國立空中大學。

繆全吉（1988），行政倫理，公共行政學報第 4 期。台北：台灣省公共行政
　　學會。

繆全吉等（1989），人事行政。台北：國立空中大學。

關　中（1995），健全文官制度的理念與作為。台北：銓敘部。

關　中（2009），繼往開來，贏得信賴—考試院與文官制度的興革。台北：
　　考試院。

關　中（2011），文官治理：理念與制度革新。台北：考試院。

關　中（2012），天下為公 選賢與能。台北：考試院。

Precht, R. D.（普列希特）著，錢俊宇 譯（2011），我是誰？—如果有我？
　　有幾個我？。台北：啟示出版公司。

Sandel, M. J.（桑德爾）著，樂為良 譯（2011），正義：一場思辨之旅。台
　　北：雅言出版公司。

英文部分

Bagchi, A. (1972), Civil Service Neutrality: Concept and Practice, National Academy of Administration, Journal 17.

Burns, J. P. & Bowornwhehena, B. (2001), Civil Service Systems in Western Europe, E. Elgar, U.K.

Dessler, G. (2006), Human Resource Management (10th ed.). Upper Saddle River. N. J.: Pearson/Prentice Hall.

Douglas, P. H. (1972), Ethics in Government, Greenwood Press, Publishers, Connecticut.

Dresang, D. L. (1999), Public Personnel Management and Public Policy (3rd ed), N. Y. Longman.

Elliott, R. H. (1985), Public Personnel Administration: A Values Perspective. Reston. V. A.: Reston.

Henry, N. (2004), Public Administration and Public Affairs (9th ed.), Upper Saddle River. N. J.: Person Education, Inc.

Hughes, O. E. (2003), Public Management and Administration (3rd ed.), Palgrave Macmillan.

Kimmel, A. J. (1988), Ethics and Values in Applied Social Science Research. Newbury Park, California: Sage Publications, Inc.

Kant, I. (1973), Critique of Practical Reason, English translated by Lewis White Book, N. Y.: Humanities Press, Inc.

Means, R. L. (1970), The Ethical Imperative. Garden city. N. Y.: Doubleday.

Moore, G. E. (1969), Ethics, Oxford University Press, London.

Parson, T. (1967), Sociological Theory and Modern Society, The Free Press of Glencoe, N. Y.

Parker, J. (2000), Structuration. Bucking ham: Open University.

Riggs. F. W (1964), Administration in the Developing Countries, N. Y.: Houghton Miggin.

Riley, D. D. (2002), Public Personnel Administration (2nd ed.), N. Y.: Longman.

Roubiczek, P. (1969), Ethical Values in the Age of Science, The University Press, Cambridge.

Schorr, P. (1983), Learning Ethics: Searching for an Ideal Model, Public Administration Quarterly 7(3).

Shorey, P. (1934), What Plato Said. The University of Chicago Press, Chicago.

Slote, M. (1992), From Morality To Virtue, Oxford University Press. N. Y.

Taylor, F. W. (1967), The Principies of Scientific Management, N. Y. Norton Library.

Wilson,W. (1887), The Study of Administration, Political Science Quarterly, Vol. 2.

Worthley, J. A. (1981), Ethics and Public Management: Education and Training. Public Personnel Management, 10 (').

網路部分

立法院全球資訊網 http://www.ly.gov.tw. 2015.3.17 瀏覽。

監察院全球資訊網 http://www.cy.gov.tw. 2015.3.15 瀏覽。

維基百科 http://wikipedia.org/wiki. 2015.3.17 瀏覽。

作者相關論著

甲、公務員

1. 公務員身分與職務的關係，飛訊第 111 期，100 年 1 月，國家文官學院。
2. 從公的意義認知公務員，公務人員月刊第 176 期，100 年 2 月，公務人員月刊社。
3. 淺談公務員的角色扮演，臺北商業技術學院校刊第 77 期，100 年 3 月，國立臺北商業技術學院。
4. 淺論公務人員的角色行為，游於藝電子報第 118 期，100 年 5 月，公務人力發展中心。
5. 淺談公務人員的任用資格，清流月刊第 23 卷第 4 期，103 年 10 月，清流雜誌社。
6. 公務員與企業勞工的區別，臺北商業技術學院校刊第 91 期，101 年 11 月，國立臺北商業技術學院。
7. 淺談公務員的行政責任，公務人員月刊第 183 期，100 年 9 月，公務人員月刊社。
8. 論公務員的身分，考選周刊第 501 期，84 年 4 月，考選周刊社。
9. 論職務的意義，考選周刊第 472 期，83 年 9 月，考選周刊社。
10. 論公務人員的消極任用資格，公務人員雙月刊第 218 期，104 年 3 月，公務人員月刊社。
11. 公務員法專論，103 年 3 月，五南圖書公司。
12. 公務人員人事論叢，97 年 7 月，商鼎出版社。
13. 政務人員法制析論，91 年 8 月，五南圖書公司。
14. 我國教育人事制度析論，82 年 9 月，龍展圖書公司。

乙、倫理道德

1. 宗教與倫理道德的共通性，國立臺北商業大學校刊第 1 卷第 3 期，103 年 11 月，國立臺北商業大學。
2. 宗教與倫理道德的區別，國立臺北商業大學校刊第 1 卷第 2 期，103 年 10 月，國立臺北商業大學。
3. 淺談倫理道德的特性，臺北商業技術學院校刊第 99 期，102 年 11 月，國立臺北商業技術學院。
4. 淺談倫理道德在本質上的困境，臺北商業技術學院校刊第 100 期，102 年 12 月，國立臺北商業技術學院。
5. 法律與倫理道德的共通性，臺北商業技術學院校刊第 62 期，98 年 4 月，國立臺北商業技術學院。
6. 法律與倫理道德的分際，臺北商業技術學院校刊第 63 期，98 年 5 月，國立臺北商業技術學院。
7. 法律與倫理道德的關係，司法周刊第 1257 期，94 年 10 月，司法院。
8. 論法律與倫理道德的區別，司法周刊第 1106 期，91 年 10 月，司法院。
9. 從當前倫理危機談文化建設，台北縣台中同鄉會成立 2 週年特刊，74 年 11 月，台北縣台中同鄉會。
10. 民主與法治的出路，96 年 6 月，商鼎出版公司。

丙、公務倫理

1. 淺談公務倫理，游於藝電子報第 112 期，99 年 11 月，公務人力發展中心。
2. 公務倫理之理念與實踐，飛訊第 173 期，102 年 8 月，國家文官學院。
3. 公務人員倫理的本質，臺北商業技術學院校刊第 80 期，100 年 6 月，國立臺北商業技術學院。
4. 淺論公務倫理的面向，臺北商業技術學院校刊第 79 期，100 年 5 月，

國立臺北商業技術學院。

5. 淺談公務人員之核心價值，臺北商業技術學院校刊第 72 期，99 年 6 月，國立臺北商業技術學院。

6. 現代公務員應具之素養，臺北商業技術學院校刊第 71 期，99 年 5 月，國立臺北商業技術學院。

7. 公務員服務倫理之探討，公務人員月刊第 69 期，91 年 3 月，公務人員月刊社。

8. 行政倫理與行政中立的關係，公務人員月刊第 23 期，87 年 5 月，公務人員月刊社。

9. 談行政倫理，人力發展月刊第 32 期，85 年 9 月，人力發展月刊社。

10.談公務人員的修養與作為，考選周刊第 520 期，84 年 9 月，考選周刊社。

11.公務倫理之理念與實踐，第 13 屆海峽兩岸孫中山思想與實踐學術研討會，101 年 11 月，國立金門大學。

12.革故鼎新—進步的行政，89 年 1 月，五南圖書公司。

丁、公務倫理法制化

1. 公務人員倫理法制化的理由與困境，飛訊第 119 期，100 年 5 月，國家文官學院。

2. 公務人員倫理法制化的原則，臺北商業技術學院校刊第 70 期，99 年 4 月，國立臺北商業技術學院。

3. 行政倫理法制化之探討，人事月刊第 47 卷第 5 期，97 年 11 月，人事月刊社。

戊、公務倫理法制

1. 公務倫理法制之探討，飛訊第 201 期，103 年 12 月，國家文官學院。

2. 論公職人員財產申報法的特色,公務人員月刊第 180 期,100 年 6 月,公務人員月刊社。

3. 公職人員財產申報法評析,人事行政季刊第 184 期,102 年 7 月,中國人事行政學會。

4. 公職人員利益衝突迴避法評析,飛訊第 168 期,102 年 6 月,國家文官學院。

5. 公務員服務倫理法制之探討,公務人員月刊第 188 期,101 年 2 月,公務人員月刊社。

6. 論公職人員利益衝突迴避法的特色,游於藝電子報第 116 期,100 年 3 月,公務人力發展中心。

7. 公務人員行政中立法的立法過程,飛訊第 86 期,98 年 10 月,國家文官學院。

8. 公務人員行政中立法的檢視,公務人員月刊第 161 期,98 年 11 月,公務人員月刊社。

9. 公務人員參與政治活動規範之探討,人事行政季刊第 180 期,101 年 7 月,中國人事行政學會。

10. 行政中立理念的建構,研習論壇月刊第 91 期,97 年 7 月,地方行政研習中心。

11. 當前行政中立的困境,公務人員月刊第 137 期,96 年 11 月,公務人員月刊社。

12. 公務人員行政中立法草案的比較,人事行政季刊第 161 期,96 年 10 月,中國人事行政學會。

13. 行政中立法立法過程與現況窺探,游於藝電子報第 75 期,96 年 10 月,公務人力發展中心。

14. 公務員服務法中倫理規範的特色,考選周刊第 1066 期,95 年 5 月,考選周刊社。

15. 公務員服務法中倫理規範的種類,臺北商業技術學院校刊第 37 期,95 年 3 月,國立臺北商業技術學院。

16. 公務員服務法之探討，研習論壇月刊第 23 期，91 年 11 月，地方行政研習中心。

17. 從公務員服務法的規範到行政倫理的強調，考選周刊第 889 期，91 年 11 月，考選周刊社。

18. 公務員服務法與行政倫理的關係，考選周刊第 862 期，91 年 5 月，考選周刊社。

19. 論公職人員利益衝突迴避之義務，人事行政季刊第 134 期，89 年 12 月，中國人事行政學會。

20. 公務員廉政倫理規範初探，清流月刊第 23 卷第 7 期，104 年 1 月，清流雜誌社。

21. 公務人員服務守則初探，清流月刊第 23 卷第 9 期，104 年 3 月，清流雜誌社。

22. 公務倫理法制的重要意義，清流月刊第 23 卷第 10 期，104 年 4 月，清流雜誌社。

23. 公務倫理法制之探討，第 14 屆海峽兩岸孫中山思想之研究與實踐學術研討會，102 年 9 月，湖南大學。

24. 行政中立專論，94 年 9 月，商鼎出版公司。

國家圖書館出版品預行編目資料

公務倫理暨法制論／劉昊洲著. ──初版.
──臺北市：五南, 2015.06
　　面；　公分.
ISBN 978-957-11-8140-0（平裝）
1.公務人員法規　2.論述分析　3.行政倫理
588.12　　　　　　　　　104009456

4P64

公務倫理暨法制論

作　　者 ─ 劉昊洲（348）

發 行 人 ─ 楊榮川

總 編 輯 ─ 王翠華

主　　編 ─ 劉靜芬

責任編輯 ─ 張婉婷

封面設計 ─ P.Design視覺企劃

出 版 者 ─ 五南圖書出版股份有限公司

地　　址：106台北市大安區和平東路二段339號4樓

電　　話：(02)2705-5066　　傳　　真：(02)2706-6100

網　　址：http://www.wunan.com.tw

電子郵件：wunan@wunan.com.tw

劃撥帳號：01068953

戶　　名：五南圖書出版股份有限公司

法律顧問　林勝安律師事務所　林勝安律師

出版日期　2015年6月初版一刷

定　　價　新臺幣300元